W0336038

Chapelet de libération

Autre livre de Regis et Maïsa Castro
paru aux Editions du Parvis

– La guérison par la bénédiction, 2006.

Titre original anglais: «*Rosary of liberation*»

2e édition: janvier 2007

EDITIONS DU PARVIS
CH-1648 HAUTEVILLE / SUISSE

www.parvis.ch • librairie@parvis.ch

Tél. 0041 (0)26 915 93 93
Fax 0041 (0)26 915 93 99

Imprimé en Suisse

EAN 9782880222451

Regis et Maïsa Castro

Chapelet de libération

«Si donc le Fils vous libère,
vous serez réellement libres.» (Jn 8,36)

Editions du Parvis
CH-1648 Hauteville / Suisse
www.parvis.ch

«Le Christ nous a rendu la liberté
pour que nous restions libres.» (Ga 5,1)

«Avec Jésus tout peut être changé par la puissance
de la prière.» (La Salette)

Quinze témoignages exceptionnels

I

«Je suis très contente de présenter mon témoignage.

J'ai promis à Jésus que, si ma mère était guérie, je donnerais mon témoignage pour que tout le monde puisse le lire et voir comment Jésus nous aide et s'occupe de nous dans nos misères.

Tout a commencé il y a dix ans. Ma mère avait un cancer du sein et elle a dû se faire enlever un sein. Elle a eu de la chimiothérapie et des rayons pendant une période de deux années qui furent très pénibles. Mais, Dieu merci, ma mère a été sauvée.

Au début de la présente année, ma mère a commencé à sécréter un liquide jaune-brun de son autre sein. La situation était très désespérante. Avec beaucoup de tristesse, ma mère me dit: "Tout recommence."

J'ai rapidement appelé ma sœur, pour lui dire ce qui se passait. Le lendemain, ma mère allait à l'institut d'oncologie du Portugal rencontrer son médecin, qu'elle voyait chaque année pour un examen de routine. Il lui dit qu'il analyserait le liquide, mais qu'elle aurait les résultats dans huit jours seulement.

Nous avons vécu huit jours de détresse. Comme nous connaissions déjà le livre du ***Chapelet de libération***, ma sœur et moi avons commencé une neuvaine. Pendant cette période, nous disions le **Chapelet de libération** deux ou trois fois par jour. Mes nièces aussi ont prié avec nous et c'est avec beaucoup de foi que nous avons demandé à Jésus d'avoir pitié de ma mère. Et Jésus nous a entendues.

Une fois les huit jours passés, nous avons reçu les résultats. Nous étions très anxieuses et je me sentais même très mal. Quand ma mère a appelé, nous avons pleuré toutes les deux, car les résultats étaient négatifs. Ce n'était pas le cancer! C'était tout simplement une infection. Et, aujourd'hui, elle se sent déjà mieux.

Voilà la bénédiction que je désirais le plus. Mais beaucoup d'autres bénédictions ont été accordées: pour ma famille, pour la protection de ma fille, etc.

Merci, Jésus, d'être notre ami si bon et si fidèle! Merci, Jésus, merci!»

(Helena/Mertola/Portugal)

* * *

II

«Chers frères,

Je désire partager avec vous les grâces que j'ai reçues de Dieu, parce que je veux que tout le monde sache combien mon Dieu est puissant et miséricordieux.

Je me suis converti il y a quinze ans, à l'âge de 23 ans. Je n'avais pas été baptisé, et j'ai décidé d'aller au catéchisme afin de me préparer au baptême. A partir du moment où j'ai décidé de livrer ma vie à Dieu entièrement, ma vie se mit à se défaire. Satan était furieux de ma décision. Cette année-là, j'ai perdu mon père, mon travail et, à la fin, j'étais complètement perdu, déprimé et frustré. J'avais cru que si j'étais proche de Dieu, ma vie serait faite de roses sans épines. Je voulais renoncer à la religion et retourner à la vie que je menais auparavant, mais Dieu se montra miséricordieux. Il ne me laissa pas me séparer de Lui et Il fortifia ma foi et ma persévérance.

Ensuite, quand les ***Filles de Saint-Paul*** ont commencé à faire connaître dans ma ville les livres de ***Raboni Editora***, j'ai commencé à acheter divers livres. Ils ont contribué grandement à mon progrès spirituel. La lecture de ces livres m'a beaucoup fortifié et Satan en est devenu encore plus furieux. Il essaya de m'enlever ce que j'avais de plus précieux, ma vie. Alors qu'il ne me restait que quelques mois avant mon baptême, j'ai commencé à être malade et faible. Les médecins ont prescrit une série de tests, qui se sont révélés positifs pour le sida. A cet instant, rien n'avait plus aucun sens pour moi. Il m'est passé par l'esprit toutes sortes de choses que je pourrais faire, mais la seule que j'ai faite a été de courir à l'église pour pleurer. Après, je suis allé parler à un prêtre, et nous avons parlé pendant des heures, il m'incita à ne pas désespérer, à ne pas me détourner du baptême, et à ne pas m'éloigner de Dieu. Il m'encouragea fortement à persévérer et à faire confiance à la divine Providence.

Après mon baptême, je songeai à commencer un traitement, car, de jour en jour, je devenais plus maigre et plus faible, mais j'ai abandonné cette idée. Je savais qu'aucun traitement ne pouvait réellement régler mon problème. Même si cela diminuait les symptômes, je deviendrais "esclave" des médicaments, enchaîné à eux pour le reste de mes jours. J'ai décidé de mettre tout mon espoir en Jésus, faisant de Lui mon Refuge, car là où les capacités humaines cessent, la Puissance de Dieu commence. Je me suis souvenu que Dieu ne veut pas la mort du pécheur mais sa conversion.

Alors que je me préparais à recevoir la confirmation, j'ai demandé aux frères du groupe de prière pour que je sois guéri. Moi-même, j'ai commencé à prier le **Chapelet de libération**. J'avais acheté le livre il y a longtemps et je l'avais même offert à certaines personnes, mais je n'avais jamais eu le désir de réciter le Chapelet. Je l'ai récité pendant trente jours, trois fois par jour, demandant d'être guéri, sauvé et libéré.

Après avoir prié le **Chapelet de libération**, je suis allé voir le médecin, car je me sentais très faible. Il m'a demandé de faire des tests, parce qu'il avait besoin de savoir comment la maladie progressait avec le temps. Je ne pouvais le croire quand les tests du sida se sont révélés négatifs, car les symptômes de la maladie semblaient avoir empiré. Le médecin me dit que ces symptômes étaient peut-être causés par une autre maladie. Il me demanda de faire d'autres tests pour savoir exactement quel était mon problème. Mais tous les tests étaient négatifs. Il me dit que, d'après ces tests, j'étais la personne la plus en santé qu'il connaissait.

Malgré cela, je continuais à me sentir de plus en plus mal en point, peut-être parce que je ne croyais pas au miracle que Jésus avait opéré dans ma vie. C'était trop beau pour être vrai. Je ne méritais pas cela. J'avais oublié que les grâces que nous recevons ne dépendent pas de nos mérites mais de l'amour, de la bonté et de la miséricorde infinie de Dieu pour nous. Quand je me suis souvenu de cela, les larmes me sont venues aux yeux et je me suis mis à louer Dieu pour cette guérison, ce salut et cette libération que j'avais reçus par le Nom de Jésus.

Mes frères, la louange est une prière vraiment puissante. Jour après jour, j'ai commencé à me sentir mieux. Plus je louais, plus je me sentais fort. Les symptômes se sont mis à disparaître l'un après l'autre, et, aujourd'hui, je suis redevenu une personne en bonne santé. J'ai repris mon poids normal sans avoir eu besoin d'aucun traitement. J'ai eu un autre examen dernièrement et le résultat continue d'être négatif. Aujourd'hui, je peux parler comme le Psalmiste: *"Je cherche Yahvé, il me répond et de toutes mes frayeurs me délivre."* (Ps 34[3],5)

Que toute la gloire et toute la louange soient rendues à mon Dieu à jamais, dans le Christ, mon Sauveur!»

(A. L./Luanda/Angola)

Observation importante:

Après avoir lu ce témoignage, nous avons commencé à dire le **Chapelet de libération** pour notre famille chaque jour.

Et qu'en est-il de vous? Ne croyez-vous pas que vous aussi, vous devriez prier le **Chapelet de libération** pour votre famille?

* * *

III

«Bonjour!

Je suis une femme âgée de 28 ans qui vit à Johannesbourg, en Afrique du Sud. J'ai grandi dans une famille chrétienne et, pendant longtemps, je croyais fermement en Dieu quand j'avais besoin de son aide. Mais quand cela allait bien, Il était toujours loin de mon esprit.

Il n'est pas surprenant que je sois tombée enceinte alors que j'étais encore célibataire.

Ma belle-mère est une femme très dévote. A chaque fois que je lui parlais par téléphone, elle me demandait si je priais. Dieu soit béni, j'ai passé une fin de semaine merveilleuse avec sa famille. Elle m'a fait cadeau du livre du ***Chapelet de libération*** et d'un chapelet. Elle m'a même enseigné comment m'en servir.

Je ne suis pas catholique et j'ai toujours eu des réserves quant à la religion catholique. Mais je me sens déjà bénie par le seul fait d'avoir lu les témoignages publiés dans le livre. J'ai remarqué que plusieurs personnes qui témoignaient avaient prié avec beaucoup de foi, d'espoir et de conviction.

Par la suite, on m'a offert un contrat pour un travail très intéressant dans une compagnie qui promettait un salaire beaucoup plus élevé que celui de mon travail précédent. Cela serait très commode pour couvrir les dépenses occasionnées par le bébé, etc. Hier matin, j'ai reçu un message électronique de l'agence de recrutement m'annonçant que mon contrat n'avait pas été accepté. Mon univers s'écroulait et je me sentais découragée et perdue. J'ai couru à la salle de bain et j'ai pleuré beaucoup, demandant à Dieu de me secourir. Je racontais à Dieu ma situation et comment je me sentais désespérée et délaissée.

Etant retournée à ma table, j'ai reçu un autre message de l'agence de recrutement m'indiquant d'annuler le premier et demandant pardon pour le désagrément occasionné. J'ai immédiatement senti qu'un poids avait été soulevé de mes épaules. Mon visage était rayonnant et je me sentais plus légère. J'étais une personne toute neuve. Si vous n'appelez pas cela un miracle, je ne sais pas ce qu'est un miracle. Je ne sais pas encore ce que l'agence de recrutement va me dire, mais je sais que je suis très heureuse, ne serait-ce que parce qu'au moment où je me sentais perdue, Dieu s'est manifesté à moi. Même avec toutes mes fautes, j'ai crié vers Lui et Il m'a répondu.

En regardant ma vie passée, je commence à distinguer les nombreux miracles que Dieu a opérés en moi. Hier soir, j'ai conclu une entente avec Lui. Chaque jour de ma vie, je vais trouver le temps de Le prier et de Lui rendre grâce avec beaucoup de foi, de conviction et d'espérance.

Merci à vous pour le travail merveilleux que vous accomplissez. Que Dieu vous bénisse et qu'Il continue à se révéler à des personnes de toute la terre grâce à votre ministère!

Que le Seigneur tout-puissant et tout-aimant soit glorifié pour toute l'éternité! Alléluia!»

(Tshilidzi Silinda/Johannesbourg/Afrique du Sud)

* * *

IV

«Chers Regis et Maïsa Castro,

C'est avec un grand plaisir et beaucoup de joie dans le cœur que je prends la plume pour vous donner mon témoignage.

Pour commencer, j'espère que ces quelques lignes vous trouveront jouissant d'une santé et d'une harmonie des meilleures. Ma famille de Nazareth, que le Seigneur Jésus m'a accordée, se porte bien, grâce à notre Dieu tendre et miséricordieux.

Regis et Maïsa, je suis allée pour mon test Pap habituel et le médecin, sans que je sache pourquoi, a demandé une échographie, même si rien n'était ressorti du test. Eh bien, quatre mois plus tard, je suis allée pour l'échographie et mon médecin, qui est une femme, a été toute surprise! Une semaine après l'échographie, j'ai reçu une lettre me demandant de revenir à la clinique le plus tôt possible. Je me suis rendue à la clinique et on m'a dit que le médecin qui avait réalisé l'échographie rapportait que j'avais un myome mesurant 1,3 centimètre. Il disait aussi qu'il y avait quelque chose qui n'allait pas avec mon utérus mais qu'il ne pouvait pas en dire plus. Il ajoutait encore dans la lettre que ce ne pouvait être bon car les parois de l'utérus étaient très épaisses. Il voulait m'envoyer chez un spécialiste du cancer immédiatement.

Quelques jours plus tard, mon fils m'y conduisit pour une échographie vaginale, mais, quand nous sommes arrivés, le cancérologue me dit qu'il avait examiné les résultats de mon test précédent. Il m'expliqua très clairement que tout indiquait que j'avais un cancer de l'utérus et qu'il allait faire un prélèvement de mon utérus pour une biopsie. En plus du myome, j'avais une infection très grave. Si le cancer en était à ses débuts, il y avait une possibilité de le traiter.

Je suis partie de là très bouleversée, croyant que le ciel me tombait sur la tête. Quand je suis arrivée à la maison, il y avait un message sur le répondeur me demandant de retourner à son bureau dans quinze jours pour qu'il puisse me donner les derniers résultats. Tout en larmes à cause de mes difficultés, j'ai immédiatement appelé mes nièces au Brésil afin de leur parler. Elles m'ont réconfortée, m'assurant de leurs prières. Dès qu'elle a eu fini de me parler, ma nièce a appelé sa mère, qui est ma sœur, et cette dernière est devenue très inquiète. Elle était découragée. Elle se promenait en pleurant sans cesse, à la maison et au travail, et, à chaque fois qu'elle rencontrait quelqu'un qui me connaissait, elle lui demandait de prier pour moi.

Mes filles et moi avons décidé de réciter le **Chapelet de libération**. Je priais à chaque instant, demandant à Notre-Dame, la Très Sainte Vierge et Mère, d'intercéder auprès de Dieu, notre Seigneur Jésus-Christ, pour que les résultats ne soient pas positifs. Et à supposer qu'ils le fussent, que cette prière soit pour moi un moyen efficace de guérison et que Jésus préserve ma santé. Ensuite, par l'intercession de la Vierge Mère, qui est notre Secours, notre Pourvoyeuse de miracles et notre Appui à l'heure de la difficulté et de la souffrance, j'ai promis que je donnerais mon témoignage.

J'ai aussi promis sur l'âme de mes parents que Dieu a rappelés à Lui, que je ferais dire une Messe par mois pendant un an pour le repos de leurs âmes, si eux aussi priaient Dieu pour moi.

Pour résumer, le jour où je devais avoir mes résultats définitifs, je suis retournée à la clinique. Quand je suis arrivée, le médecin m'a dit: "Sandra, votre biopsie est négative. Je ne comprends pas pourquoi, mais tout est normal. Votre utérus et vos ovaires sont sains, sans aucune infection."

En entendant ce qu'elle disait, je me suis mise à genoux, là même, dans son bureau, et j'ai remercié Dieu en pleurant de joie. Je lui ai dit que c'était le résultat du **Chapelet de libération** que mes filles et moi avions récité et aussi de la chaîne des prières que ma sœur, mes nièces et tous leurs voisins avaient récitées pour moi là-bas au Brésil. Elle m'a alors dit: "Dans ce cas-là, Dieu a vraiment entendu vos prières, car vous n'avez pas le cancer."

C'est à cause de cela que je Te remercie beaucoup, mon Dieu et Père tout-puissant, et toutes tes créatures qui ont prié pour nous, d'avoir entendu les prières de la Très Sainte Mère, de saint Joseph et de saint Philippe Benizi, qui nous protègent des ravages du cancer de l'âme et du corps.

Merci, Seigneur, pour tout cela et pour bien d'autres grâces obtenues par ce Chapelet merveilleux.

Louange et gloire à Toi, Seigneur, maintenant et pour toujours! Amen!»

(Sandra/Etats-Unis d'Amérique)

* * *

V

«Mon fils m'a fait cadeau du livre du ***Chapelet de libération***. Je remercie Jésus tout-puissant de l'avoir mis entre nos mains, car nous avons immédiatement cherché de l'aide par le **Chapelet de libération**. Voici nos témoignages.

Premièrement, ma fille et son amie ont eu un accident. Elles conduisaient leurs enfants et son amie était au volant. Au moment où elles s'y attendaient le moins, elles ont heurté une autre voiture dans laquelle se trouvaient une dame et son bébé. Ils sont tous allés à l'hôpital. Son amie n'avait ni pièce d'identité, ni passeport, ni permis de conduire. Mais j'ai récité le **Chapelet de libération** pendant neuf jours et j'ai aussi donné le livre à l'amie de ma fille pour qu'elle prie. Dieu merci, tout s'est arrangé. Elle a même pu obtenir un permis de l'Etat pour conduire ici.

Deuxièmement, un de mes petits-enfants avait une difficulté très grave. Ma fille en avait extrêmement honte. J'ai prié Jésus qu'il soit un Avocat pour lui porter secours et tout s'est arrangé, que Dieu en soit remercié, Lui qui est tout pour nous.

Troisièmement, le père d'une famille que nous aimons beaucoup a dû être opéré et cela a été une réussite, que Jésus en soit remercié.

Je remercie Jésus et, quand j'entends parler que quelqu'un est dans le besoin, je lui donne le livre. Merci beaucoup!»

(Maria Del Socorro/Chula Vista/Etats-Unis d'Amérique)

* * *

VI

«Regis et Maïsa Castro,

Veuillez accepter l'amour et la reconnaissance de Margarita, ici dans la tranquillité de sa petite maison.

Par la grâce de Dieu, un an après avoir reçu votre très précieuse lettre avec le livre du ***Chapelet de libération*** et le livre ***Prières de puissance***, je m'adresse aujourd'hui à ***Raboni Editora*** pour dire merci. Que le Dieu d'amour vous bénisse et vous oigne à chaque instant de l'huile de la sagesse et de la confiance en Jésus et en Marie!

Je viens témoigner que Jésus m'a aidée au moyen de vos prières. Jésus n'a pas laissé mon mariage se briser, mais, au contraire, mon mari est maintenant très affectueux et s'inquiète tellement de moi qu'il semble exagérer. J'ai prié beaucoup et je n'arrête pas de prier. Pas une seule journée ne se passe sans que je pense à vous et à mon Chapelet des grands miracles.

J'ai prié le **Chapelet de libération** pour ma sœur qui était hospitalisée. Bien que la situation fût très critique, Jésus et Marie ont opéré un miracle.

Et, au moment de mon plus grand besoin, Jésus est venu à moi par vous grâce au secours de la prière, et j'ai reçu le remède qui éliminerait ma douleur. J'ai souffert trois ans de l'infidélité de mon mari et parce que j'étais jalouse. C'était un vrai martyre. Le passage "*Venez à moi!*" (Mt 11,28), ainsi que celui de Rm 8,31-32, m'ont guérie. Depuis maintenant trois mois, j'ai la paix dans mon cœur.

Je prie seulement que Jésus donne un saint mari à celle qui m'avait dérobé la paix, mais qui m'a apporté une bénédiction, car c'est au moment où cela est arrivé que j'ai appris à aimer Jésus, le seul Seigneur et le seul Bonheur.

Une fois encore, que le Bon Jésus vous bénisse!

Avec affection et reconnaissance!»

(Margarita/Costa Rica)

* * *

VII

«J'écris de l'Angola. Je suis Angolaise. Mon nom est Carla Gama et j'ai 32 ans. J'ai un fils qui a 7 ans. Moi aussi j'écris afin d'apporter mon témoignage d'une grâce extraordinaire que Jésus m'a accordée.

Je suis catholique et je vais souvent à l'église. J'étais sans emploi et je demeurais chez mes sœurs qui nous faisaient vivre, mon fils et moi. Cela me mettait au désespoir, à l'âge que j'ai, d'avoir à dépendre de ma famille. Mes sœurs sont merveilleuses, mais cela m'attristait.

Un jour, ma sœur m'a montré son livre du ***Chapelet de libération***. Et elle me montra comment dire ce Chapelet. Pendant trois jours, j'ai prié avec son livre et, avec le premier argent que j'ai reçu, j'ai acheté mon propre livre. J'ai continué à prier chaque jour et je me disais: "Mon Dieu, est-ce que ma foi est assez grande?" Je continuais de prier et de remplir des demandes d'emploi pour quelques compagnies, mais la réponse était toujours la même: "Attendez…"

Et moi je continuais toujours de prier, chaque jour que le Bon Dieu faisait.

Après trois mois, j'étais tellement au désespoir que je disais le Chapelet en pleurant. Après neuf mois sans emploi, une compagnie m'a appelée. J'ai passé et réussi des examens. J'étais si contente que je voulais sauter de joie et crier. Moins d'une semaine après, une autre compagnie m'a appelée pour commencer à travailler. J'éclatais de joie. Dieu avait entendu mes prières.

Je continue de prier chaque jour, remerciant sans cesse le Seigneur pour les grâces merveilleuses qu'Il m'a accordées.

Que des louanges sans fin soient rendues au Seigneur Jésus-Christ! Alléluia!

Et je vous remercie aussi, mon frère et ma sœur du Brésil, de nous avoir donné l'occasion de connaître ce merveilleux livre du ***Chapelet de libération***.»

(Carla/Angola)

* * *

VIII

«Chers frères et amis de ***Raboni Editora***,

En premier lieu, j'espère que vous vous portez bien.

Je vous écris cette lettre avec une grande joie, afin de donner mon témoignage de foi. Il y a un an et demi, une de mes sœurs religieuses, venant du Portugal, m'a fait connaître le **Chapelet de libération** lors d'une session que nous avons tenue dans la capitale. Après cette rencontre, je suis entrée dans une librairie où j'ai vu le livre du ***Chapelet de***

libération et je l'ai acheté. J'ai appris comment m'en servir et j'ai commencé à dire le Chapelet pour la libération de mon frère qui était esclave de l'alcool depuis vingt-cinq ans.

Rien ne pouvait le faire arrêter. J'ai fait des neuvaines de Chapelets, et, après neuf mois, mon frère ne pouvait plus porter un verre d'alcool à sa bouche sans souffrir de l'estomac et presque en mourir. Dieu en soit remercié, quand je suis partie en congé en janvier, j'ai eu la surprise d'apprendre de la famille qu'il ne buvait plus. J'ai constaté qu'il était en bonne forme.

Comme nous étions heureux à ce moment-là!

Une de mes belles-sœurs a eu seulement deux enfants. Déjà grands, ils ont demandé un petit frère à leurs parents. Ceux-ci s'étaient mariés quand ils avaient 25 ans. Ils se sentaient mal de ne pas pouvoir avoir un autre enfant. J'ai alors prié pour que Notre-Dame veuille réaliser leur désir. Et, au moment où je vous écris, ma belle-sœur attend un bébé pour septembre.

Gloire à Toi, Seigneur! Le couple attend ce jour avec joie.

Une religieuse de la communauté souffre du diabète et, chaque fois qu'elle a une plaie, cela prend des années pour guérir. Je lui ai remis une photocopie de la prière du **Chapelet de libération** et je lui ai donné le livre pour lire les témoignages. Après une semaine, la plaie était guérie, et, même, des enflures qu'elle avait sous les aisselles avaient disparu. Elle m'a demandé de donner son témoignage.

J'ai moi-même souffert pendant dix-huit ans d'une maladie de la peau. Je suis allée de médecin en médecin en France, au Congo-Brazzaville et en Angola. J'ai pris beaucoup de médicaments et cela ne s'améliorait pas. Il y a sept mois que j'ai commencé à dire le Chapelet pour guérir. Et déjà l'épaisse croûte qui couvrait ma peau pileuse a disparu, de même que des genres d'écailles qui recouvraient mon corps de la tête aux orteils. Les gens avaient peur de moi et, maintenant, ils me demandent quel est le médicament qui m'a guérie. Je leur dis que c'est seulement le **Chapelet de libération.**

De plus, des douleurs à la vessie, qui risquaient d'entraîner une intervention, ont cessé. A la fin, le médecin ne put rien trouver à opérer. Que Dieu en soit remercié!

J'ai un groupe de huit jeunes que j'ai rassemblés pour ce Chapelet et nous le prions chaque soir pour les intentions du monde entier. J'ai fait des photocopies que j'ai distribuées à divers prêtres et religieux, afin de lutter contre le démon. J'en ai donné à divers couples qui avaient des difficultés domestiques et il y a déjà de bons résultats. Des couples séparés renouent. Les jeunes aussi en ont demandé. Je fais de plus en plus de photocopies parce que les personnes guéries en parlent à d'autres et la demande augmente énormément.

A cause de toutes ces grâces qui sont immenses, tout ce que je peux dire c'est: merci, mon Seigneur, merci, mon Dieu! Reste avec moi, car sans Toi je ne peux rien faire.

Amen! Alléluia! Jésus! Je voudrais publier ces témoignages.

Chers amis, veuillez accepter une accolade chaleureuse de votre amie, sœur Julia Antonia.

Bon travail apostolique. Union de prières.

N. B. Ma peau est maintenant comme celle d'un bébé et tout le monde dit que je suis jolie!»

(Sœur Julia Antonia/Lubango/Angola)

* * *

IX

«Je viens rendre témoignage au sujet de ma mère qui a eu une sorte de dérangement mental pendant très longtemps. Les gens disaient qu'elle était victime d'une forme de sorcellerie. Parfois, dans son découragement, elle voulait consulter une personne qui trempait dans cela. Mais, comme je n'avais pas confiance en cela, je me suis mise à prier le **Chapelet de libération**. Je ne sais pas pourquoi j'avais tant de confiance dans ce Chapelet.

Avec le temps, j'ai eu une telle confiance que Dieu entendrait mes supplications en faveur de ma mère que peu de temps après avoir commencé à prier le **Chapelet de libération**, ma mère a commencé à se sentir mieux. Maintenant elle va beaucoup mieux qu'avant, elle est un tout petit peu malade, mais ce n'est rien comparé à autrefois.

Dieu m'a entendu par l'entremise de ce Chapelet. Mille fois merci à vous aussi pour avoir changé la vie de tant de personnes par vos livres miraculeux.

Que Dieu et la Vierge Marie vous protègent toujours et vous accordent aussi de nombreuses bénédictions!»

(Blanca/Californie/Etats-Unis d'Amérique)

* * *

X

«Mes deux fils vivaient des moments très difficiles.

Le plus âgé, qui vivait en dehors du Brésil, trouvait que les choses allaient extrêmement mal. J'ai prié le **Chapelet de**

libération pour lui. Dieu a opéré une réelle transformation dans sa vie. Maintenant tout va mieux et il va se marier.

Mon plus jeune fils était pris dans la drogue et a finalement réussi à se libérer de ce vice, mais il semblait avoir perdu toute motivation. Il ne travaillait plus et il ne voulait même pas travailler. J'ai prié le **Chapelet de libération** et il a commencé à se chercher un emploi. Maintenant, enfin, après plusieurs années, il a repris le travail.

Comme je désire louer Jésus! Je parle à tout le monde du **Chapelet de libération**. Je vais envoyer des exemplaires de ce merveilleux livre à tous les membres de ma famille et à tous mes amis. Merci, Jésus, merci!»

(B. H./Australie)

* * *

XI

«Dieu soit loué! Merci, Jésus!

Je me nomme Charlotte Marques, et je vous salue de Goa, aux Indes. Je bénéficie d'un mariage béni, ayant un mari et une fille exceptionnels.

Je voudrais rendre témoignage de ce que le **Chapelet de libération** a été merveilleux pour moi. Il y a deux ans, j'ai postulé pour un emploi au Canada. Un an plus tard, alors que j'étais en vacances à Goa, le livre du ***Chapelet de libération*** m'a été donné en cadeau par ma belle-sœur. Elle m'a enseigné comment réciter ce Chapelet et m'a parlé de la joie et de la paix qu'il apporte. J'ai commencé à prier pour que Dieu me guide dans ma vie et m'aide à obtenir un passeport (cela faisait quatorze ans que je travaillais au même endroit). Dieu en soit remercié, mon passeport était prêt en moins de deux mois.

Comme je suis infirmière professionnelle, l'agence m'a demandé de préparer le CNAT (examen d'accréditation). Cet examen était difficile pour moi et, nuit et jour, je sentais que je ne réussirais pas. Je serrais alors mon chapelet et je priais pour que cette peur s'en aille et pour que je réussisse cet examen si important pour obtenir ce travail. Mes prières ont donc été exaucées en disant le puissant **Chapelet de libération**. J'ai réussi!

Notre appartement de Goa est maintenant en vente. Nous essayons de le vendre après que le miraculeux **Chapelet de libération** a fait des merveilles. Jésus nous a touchés, ma famille et moi d'une façon très remarquable.

Je continue de prier le **Chapelet de libération** avec foi et je désire témoigner à mes amis de sa grande puissance. Que le Seigneur vous bénisse!

Avec amour.»

(Charlotte/Ontario)

* * *

XII

«Très estimés Messieurs,

Voici un miracle obtenu grâce au **Chapelet de libération**.

J'ai rompu avec mon fiancé, car il était sorti deux fois avec une autre femme. Avec déchirement, j'ai dû rompre notre relation. Cela est arrivé un dimanche. J'ai commencé à lire le livre du ***Chapelet de libération*** et, en moins d'une semaine, il était de retour, plus aimant, transformé. Le Seigneur m'a entendu.

Je prie maintenant pour ma mère qui ne peut plus marcher. Bientôt je rendrai cet autre témoignage, car j'ai beaucoup de foi.

Avec beaucoup d'amour.»

(Syl/Curaçao)

* * *

XIII

«Je voudrais faire inscrire mon témoignage de la guérison de mon frère Ian, qui a récemment reçu une grâce du Seigneur.

Dernièrement, il avait des douleurs abdominales qui l'ont laissé amaigri, pâle, épuisé et plein de douleur. Des tests ont été faits et le médecin a recommandé que mon frère reste à la maison plutôt que d'aller travailler et qu'il se repose en attendant les résultats. Un peu auparavant, nous avions perdu notre mère et cela me laissait perturbée et très inquiète au sujet de mon frère. Devant de tels problèmes, j'ai immédiatement commencé à réciter le **Chapelet de libération.** J'ai prié nuit et jour, incessamment. Je ne pouvais me concentrer sur autre chose que sur le **Chapelet de libération**, demandant à Jésus de le guérir.

A mon travail, j'ai commencé à faire la neuvaine des neuf **Chapelets de libération.** Où que je fusse, je priais. Avant d'avoir terminé le neuvième Chapelet, j'avais confiance en mon cœur que mon frère serait guéri, même s'il me restait encore un petit peu d'inquiétude et d'appréhension. J'ai continué à prier et à confier la situation au Seigneur pour que mon frère soit complètement guéri.

Dans l'espoir que les résultats du test prouveraient qu'il n'y avait rien de grave, j'ai préparé ce témoignage pour l'envoyer par message électronique. Et, aujourd'hui, les résultats étaient prêts et indiquaient que ce n'était pas si grave que cela. Je tiens ma promesse et j'envoie ce témoignage pour publication possible, dans l'espoir que davantage de gens apprendront à connaître le **Chapelet de libération**, qui au cours des deux dernières années m'a aidée à surmonter tant de difficultés.

Merci, Seigneur! Jésus sauve, Jésus guérit, Jésus libère!»

(Helene/Trinidad et Tobago)

* * *

XIV

«Cher *Raboni*,

Salutations et reconnaissance de la part d'Arun.

J'étais transporté de joie de lire et de méditer le livre du *Chapelet de libération.* Je vous remercie et je vous félicite pour cette réflexion exceptionnelle et la sainte œuvre de ce livre de prière. Les mots en ont vraiment touché mon cœur alors que je le lisais. Je suis convaincu qu'ils toucheront et guériront, sauveront et libéreront des millions de personnes.

Tout comme j'ai expérimenté une profonde transformation dans ma vie après m'être plongé dans votre livre, j'ai aussi été témoin que certains de mes amis partagent la même influence que ce livre a eue dans leur vie.»

(Arun Kumar, S. J./Chennai/Inde)

* * *

XV

«Cher Regis et chère Maïsa,

Je veux que vous sachiez combien j'ai apprécié votre livre du ***Chapelet de libération***. Plusieurs personnes m'ont demandé de le leur prêter.

Je voudrais apporter mon témoignage, car de nombreuses grâces m'ont été accordées depuis que j'ai commencé à prier cette belle prière à notre Seigneur Jésus. C'est vraiment une prière très puissante. Je peux sentir l'Esprit de notre Seigneur quand je dis cette prière. Je ressens beaucoup de paix et de tendresse à l'intérieur de moi chaque fois que je dis cette prière. Je veux que le plus grand nombre possible de personnes apprennent à connaître cette miraculeuse prière à notre Seigneur Jésus.

Auriez-vous l'amabilité de publier mon témoignage dans votre prochaine édition?

En décembre passé, un peu avant Noël, mon mari a perdu l'emploi qu'il avait dans une compagnie pétrolière bien connue de Abu Dhabi. Nous étions au désespoir, quand un bon ami nous a suggéré de réciter le **Chapelet de libération**.

La première fois que je l'ai prié, mon mari a reçu un appel pour passer une entrevue avec la même compagnie avec laquelle il avait déjà travaillé. Comme il est un bon travailleur, il avait de bonnes chances d'être repris. Mais il fallait qu'il réussisse son entrevue. J'ai prié notre Seigneur Jésus, et, avant même que ma prière fût exaucée, je pouvais sentir la puissance miraculeuse de notre Seigneur Jésus qui opérait par l'entremise du **Chapelet de libération**. C'est quelque chose que les mots ne suffisent pas à décrire. Par la suite, j'ai reçu la nouvelle que mon mari avait fait très bonne impression lors de son entrevue. Il avait été auditionné par un groupe de trois personnes. Il m'a raconté qu'il trouvait très étrange de ne pas être nerveux. Il était surpris de se sentir si confiant en répondant à toutes les questions et même en les impressionnant par un sens de l'humour qui les avait fait rire! Un peu plus tard, il a reçu la bonne nouvelle qu'on l'avait réembauché. Je crois fermement, de toute ma foi dans le Seigneur Jésus, que cela n'aurait pas été possible sans le **Chapelet de libération**. Un miracle est arrivé dans notre vie!

Tout de suite après, une deuxième grâce, qui concernait ma mère, a été accordée. C'est une veuve, avancée en âge et malade. Cela nous a pris des années pour la convaincre de venir demeurer à Abu Dhabi avec nous et nos quatre enfants. Nous étions heureux quand, en octobre passé, elle a finalement cédé. Toutefois, obtenir un visa de résident était très difficile. C'est très difficile d'en obtenir un pour les expatriés. Une fois de plus, je me suis présentée à notre Seigneur Jésus dans la prière et un second miracle arriva quand un jeune voisin offrit son aide. Il dit qu'il allait faire ce qu'il pouvait pour obtenir un visa de résident pour ma mère. En peu de temps, nos efforts pour installer ma mère avec nous à Abu Dhabi ont été récompensés. Avec beaucoup de joie, je peux vous annoncer que ma mère est maintenant avec nous. Le visa de résident a été accordé pour seulement une année, mais j'ai confiance en notre Seigneur Jésus que par le **Chapelet de libération** nous pourrons le prolonger en mai.

Depuis ce moment, plusieurs grâces reliées à mon travail ou à des affaires personnelles m'ont été accordées. Notre Seigneur Jésus a entendu toutes mes prières par le **Chapelet de libération**. J'en ai fait ma prière quotidienne. Même à l'ordinateur de mon bureau, je ne peux commencer mon travail sans dire cette prière. Tout ce que je dis, c'est une dizaine pour notre Seigneur, mais cela est mon soutien dans les combats de chaque jour, car je sais au plus profond de mon cœur que mon Seigneur prend soin de moi dans toutes mes difficultés et toutes mes joies. Merci, Jésus! Encore une fois, merci pour cette très belle et très puissante prière.

A vous, mes meilleurs souhaits, et que Dieu vous bénisse!

Que le Seigneur soit loué pour cette autre grâce!»

(Nancy/Abu Dhabi/Inde)

Présentation

«Si donc le Fils vous libère, vous serez réellement libres.» (Jn 8,36)

C'est avec une grande joie que je viens partager avec vous l'expérience de puissance que le Seigneur est en train de réaliser parmi nous grâce au **Chapelet de libération**.

Ce Chapelet fondé sur la Parole de Dieu devrait être récité avec foi, pour glorifier le Nom puissant de notre Seigneur Jésus-Christ et pour obtenir de Lui guérison, salut et libération.

Nous pouvons aussi prier le **Chapelet de libération** pour les personnes que le Seigneur a mises dans notre cœur. Nous devrions toutefois prier d'abord pour nous-mêmes, afin d'être purifiés dans le Sang de Jésus, en répétant **Jésus, aie pitié de moi!** Seulement de cette façon pourrons-nous devenir des canaux dégagés qui laissent passer la grâce divine.

Le **Chapelet de libération** ne devrait être récité que pour une intention à la fois: conversion, mariage, famille, santé, travail, parenté, amis, ennemis (nous ne devrions vraiment pas en avoir), etc. Chaque intention prendra un Chapelet. Quand elle est récitée du fond du cœur avec foi dans la puissance libératrice et guérissante de la Parole de Dieu et du Nom de Jésus, cette intercession touche le cœur de

Dieu, car elle est dite au Nom de Jésus, et vous en ressentirez les effets avec promptitude et puissance.

Réciter le **Chapelet de libération** devrait prendre environ huit minutes.

> *«De même que la pluie et la neige descendent des cieux et n'y retournent pas sans avoir arrosé la terre, sans l'avoir fécondée et l'avoir fait germer pour fournir la semence au semeur et le pain à manger, ainsi en est-il de la parole qui sort de ma bouche, elle ne revient pas vers moi sans effet, sans avoir accompli ce que j'ai voulu et réalisé l'objet de sa mission.»* (Is 55,10-11)

> *«C'est pourquoi je vous dis: tout ce que vous demandez en priant, croyez que vous l'avez déjà reçu, et cela vous sera accordé.»* (Mc 11,24)

Avertissement:

Le **Chapelet de libération** ne veut en aucune façon nuire ou se substituer à la dévotion au Très Saint Rosaire de la Vierge Marie.

* * *

Dans la rédaction de ce livre nous avons choisi de nous servir généralement de noms et de pronoms au masculin, en tenant compte que le sens peut être adapté au genre féminin, le cas échéant.

Le Chapelet de libération

Le **Chapelet de libération** commence par le ***Symbole des Apôtres*** et se termine par le ***Salut, ô Reine***. (Ces deux prières sont à la fin du livre.) Au lieu des ***Notre Père*** (sur les gros grains) nous prierons la Parole de Dieu: *«Si donc le Fils vous libère, vous serez réellement libres.»* (Jn 8,36)

Par exemple, si je prie pour moi-même, je dirai sur les gros grains du chapelet: **Si Jésus me libère, je serai vraiment libre.** Si je prie pour ma famille, je pourrai dire: **Si Jésus libère ma famille, elle sera vraiment libre.** C'est la Parole de Dieu qui est proclamée.

Au lieu des ***Je vous salue, Marie,*** sur chaque petit grain, dites:

Jésus, aie pitié de moi!
Jésus, guéris-moi!
Jésus, sauve-moi!
Jésus, libère-moi!

Si vous priez pour votre famille, vous devriez dire sur chaque petit grain:

Jésus, aie pitié de ma famille!
Jésus, guéris ma famille!
Jésus, sauve ma famille!
Jésus, libère ma famille!

Sur les gros grains:
Si Jésus libère ma famille, elle sera vraiment libre.

Si vous priez pour une personne en particulier, par exemple Joseph, vous ferez comme suit:

Sur les gros grains du chapelet dites:
Si Jésus libère Joseph, il sera vraiment libre.

Sur les petits grains:
Jésus, aie pitié de Joseph!
Jésus, guéris Joseph!
Jésus, sauve Joseph!
Jésus, libère Joseph!

Après avoir terminé la prière du **Chapelet de libération**, rendez grâce à Jésus pour les bénédictions qu'Il déverse sur vous et sur ceux pour qui vous avez intercédé.

C'est vraiment simple! Vous constaterez à la fin du **Chapelet de libération** les effets de la grâce de Dieu sur vous, sur votre famille, dans la vie des personnes pour qui vous priez. Le Père du ciel vous enverra guérison, salut et libération.

Jésus entendra votre prière. Soyez assurés que le Seigneur Jésus entendra votre supplication et qu'il répondra à votre demande, parce que la Bible affirme que la Parole ne revient pas à Dieu sans avoir produit son fruit. (Voir Is 55,11) Quand vous proclamez la Parole de Dieu avec foi et repentir de vos péchés, en disant — **Jésus, aie pitié de moi!** — il est certain que la grande Victoire de Jésus, de son Sang rédempteur et de sa Parole se manifestera dans votre vie et dans celle de ceux pour qui vous priez. Jésus Vivant vous guérira, vous sauvera et vous libérera!

Nous croyons cela fermement, car Dieu est fidèle à tenir ses promesses, à garder sa Parole. (Voir Jr 1,12b) Nous croyons aussi pour avoir expérimenté dans notre propre vie les effets extraordinaires de la prière merveilleuse du **Chapelet de libération.** Nous recevons des centaines de lettres de témoignage qui nous parviennent quotidiennement depuis que nous avons commencé à répandre ce Chapelet par l'émission de radio ***Jesus te ama*** (Jésus t'aime) ainsi que par les ministères de la ***Comunidade de Aliança Jesus te ama*** (Communauté d'Alliance Jésus t'aime).

Prions:

Seigneur Jésus, nous demandons pardon pour tous nos péchés. Nous demandons, en ton Nom, que Dieu le Père envoie son Esprit Saint déverser en notre cœur le don de proclamer ta Parole avec foi et confiance, par le Chapelet de libération. Nous demandons, Jésus, que ta Puissance se manifeste dans notre vie et que Tu accomplisses des miracles et des merveilles par cette puissante prière de foi qui n'est rien d'autre que la proclamation de ta Parole.

Amen! Alléluia!

Notre cœur a déjà commencé à s'emplir de joie et de paix, n'est-ce pas?

Si vous désirez retrouver le texte dont nous nous servons pour prier sur les petits grains qui correspondent aux ***Je vous salue, Marie***, ouvrez votre Bible à saint Marc 10,47, où l'aveugle Bartimée dit: «*Fils de David, Jésus, aie pitié de moi!*» Quand Jésus l'entendit, Il s'arrêta.

Vous devez croire fermement que quand vous direz cette prière avec une pleine confiance — **Jésus, aie pitié de moi!** — Jésus s'arrêtera et vous écoutera.

> *«Et comme il sortait de Jéricho avec ses disciples et une foule considérable, le fils de Timée (Bartimée), un mendiant aveugle, était assis au bord du chemin. Quand il apprit que c'était Jésus le Nazarénien, il se mit à crier: "Fils de David, Jésus, aie pitié de moi!"»* (Mc 10,46b-47)

Jésus s'arrêta. Il s'arrêtera pour vous écouter, vous aussi, tout comme Il a fait pour l'aveugle Bartimée.

> *«Alors Jésus lui adressa la parole: "Que veux-tu que je fasse pour toi?" L'aveugle lui répondit: "Rabbouni, que je recouvre la vue!" Jésus lui dit: "Va, ta foi t'a sauvé." Et aussitôt il recouvra la vue et il cheminait à sa suite.»* (Mc 10,51-52)

Tout comme Jésus s'arrêta pour écouter la prière — **Jésus, aie pitié de moi!** — et pour demander à l'aveugle Bartimée *«Que veux-tu que je fasse pour toi?»* et que l'aveugle a répondu *«Rabbouni, que je recouvre la vue!»*, quand Jésus entendra votre prière — **Jésus, aie pitié de moi!** — Il s'arrêtera et vous demandera *«Que veux-tu que je fasse pour toi?»*, et vous Lui répondrez avec une foi totale:

Jésus, guéris-moi!

Jésus, sauve-moi!

Jésus, libère-moi!

«Ne t'ai-je pas dit que si tu crois, tu verras la gloire de Dieu?» (Jn 11,40b)

«Ta foi t'a sauvé.» (Lc 18,42b)

«Si vous aviez de la foi comme un grain de sénevé, vous auriez dit au mûrier que voilà: "Déracine-toi et va te planter dans la mer", et il vous aurait obéi!» (Lc 17,6b)

«Or sans la foi il est impossible de lui plaire.» (He 11,6)

«Tout est possible à celui qui croit.» (Mc 9,23)

«C'est pourquoi je vous dis: tout ce que vous demandez en priant, croyez que vous l'avez déjà reçu, et cela vous sera accordé.» (Mc 11,24)

Jésus a répondu favorablement aux demandes de l'aveugle Bartimée, du lépreux, du centurion dont le serviteur était paralysé... Il exaucera aussi votre prière.

«Qu'il t'advienne selon ta foi!» (Mt 8,13b)

Saisissez-vous maintenant la puissance du **Chapelet de libération**? C'est la Puissance de la Parole de Dieu qui agit.

Comme nous l'avons déjà expliqué, en priant ce Chapelet nous proclamons la Parole de Dieu et notre foi et notre confiance qu'elle s'accomplira dans notre vie.

Si Jésus me libère, je serai vraiment libre!
Jésus, aie pitié de moi!
Dieu, montre-moi ta compassion!
Dieu, aie pitié de moi!

Voilà la prière la plus souvent répétée dans la Bible et qui saura faire agir en notre faveur la main de Dieu.

Un autre texte de la Bible qui soutient le **Chapelet de libération** est celui du pharisien et du publicain.

> *«Il dit encore, à l'adresse de certains qui se flattaient d'être des justes et n'avaient que mépris pour les autres, la parabole que voici: "Deux hommes montèrent au Temple pour prier; l'un était Pharisien et l'autre publicain. Le Pharisien, debout, priait ainsi en lui-même: 'Mon Dieu, je te rends grâces de ce que je ne suis pas comme le reste des hommes, qui sont rapaces, injustes, adultères, ou bien encore comme ce publicain; je jeûne deux fois la semaine, je donne la dîme de tout ce que j'acquiers.' Le publicain, se tenant à distance, n'osait même pas lever les yeux au ciel, mais il se frappait la poitrine, en disant: 'Mon Dieu, aie pitié du pécheur que je suis!' Je vous le dis: ce dernier descendit chez lui justifié, l'autre non. Car tout homme qui s'élève sera abaissé, mais celui qui s'abaisse sera élevé."»* (Lc 18,9-14)

Quand nous prions «**Jésus, aie pitié de moi!**» avec une foi pleine, en demandant le pardon de nos péchés, nous (ou la personne pour laquelle nous prions) sommes lavés dans le Sang de Jésus.

Ne pensez-vous pas — nous devons vous le demander encore une fois — qu'il y a beaucoup de puissance dans le **Chapelet de libération**? Quand vous priez ce Chapelet, vous proclamez le Nom de Jésus 205 fois!

«Pour que tout, au nom de Jésus, s'agenouille, au plus haut des cieux, sur la terre et dans les enfers, et que toute langue proclame, de Jésus-Christ, qu'il est SEIGNEUR, à la gloire de Dieu le Père.»
(Ph 2,10-11)

«En vérité, en vérité, je vous le dis, celui qui croit en moi fera, lui aussi, les œuvres que je fais; et il en fera même de plus grandes, parce que je vais vers le Père. Et tout ce que vous demanderez en mon nom, je le ferai, afin que le Père soit glorifié dans le Fils. Si vous me demandez quelque chose en mon nom, je le ferai.» (Jn 14,12-14)

«En vérité, en vérité, je vous le dis, ce que vous demanderez au Père, il vous le donnera en mon nom. Jusqu'à présent vous n'avez rien demandé en mon nom; demandez et vous recevrez, pour que votre joie soit complète.» (Jn 16,23b-24)

Dès aujourd'hui, dites le **Chapelet de libération** pour être guéri, sauvé et libéré — non seulement vous-même, mais aussi tous ceux pour qui vous prierez.

Rappelez-vous qu'il ne devrait y avoir qu'une intention par **Chapelet de libération**.

* * *

Dès notre premier livre, ***Rabboni***, le Seigneur Jésus nous a exhortés à la prière en son Nom — **Seigneur Jésus, aie pitié de moi, pécheur!** — et nous avons reçu de nombreuses lettres témoignant de la Puissance divine manifestée par cette prière.

Il nous vient à l'esprit une histoire pour illustrer ce que nous voulons dire. Dans son ciel, Jésus était très heureux, engagé dans une conversation fort intéressante au sujet de l'Amour avec Dieu le Père et Dieu l'Esprit Saint. L'Amour de Dieu circulait du Père au Fils par l'Esprit Saint et du Fils au Père. Tout à coup, Dieu le Père dit à Jésus: «Mon Fils, arrête un moment... J'entends une rumeur qui monte de la terre. Laisse-moi écouter pour saisir ce que c'est. Sais-Tu ce que c'est? Il y a quelqu'un là-bas qui crie: "Jésus, aie pitié de moi, pécheur!" Vas-y vite, en compagnie de l'Esprit Saint, pour voir ce que mon enfant de la terre désire. Ne le laisse pas crier trop longtemps, non. Va vite le secourir! Ecoute: "Jésus, aie pitié de moi!" Il demande en ton Nom et par la Puissance de ton Sang, et Tu sais, mon Fils, que Je ne peux rien refuser qui est conforme à ma Volonté et habillé de la Puissance de ton Nom et de ton Sang...»

Ce n'est qu'une histoire, mais il est vrai que notre cœur peut parvenir au Trône de Dieu parce que, entre nous et Dieu, il y a le Sang de Jésus qui nous purifie, nous lave, nous pardonne et nous sanctifie et il y a aussi le Nom de Jésus qui est le Nom au-dessus de tout autre nom.

> *«Je suis le Chemin, la Vérité et la Vie. Nul ne vient au Père que par moi.»* (Jn 14,6b)

Jésus est le seul Nom qui a la Puissance de sauver, de guérir et de libérer, *«car il n'y a pas sous le ciel d'autre nom donné aux hommes, par lequel nous devions être sauvés»*. (Ac 4,12)

Alléluia! Gloire à Toi, Seigneur!

La miséricorde du Seigneur rejoint le genre humain par Jésus-Christ et par la Puissance de son Sang rédempteur. Au Calvaire, Jésus est mort pour nous, Il a payé pour nos péchés et Il nous a libérés de la malédiction de la Loi.

> *«Celui qui n'avait pas connu le péché, Il l'a fait péché pour nous, afin qu'en lui nous devenions justice de Dieu.»* (2 Co 5,21)

> *«Le Christ nous a rachetés de cette malédiction de la Loi, devenu lui-même malédiction pour nous, car il est écrit: "Maudit quiconque pend au gibet", afin qu'aux païens passe dans le Christ Jésus la bénédiction d'Abraham et que par la foi nous recevions l'Esprit de la promesse.»* (Ga 3,13-14)

En ressuscitant d'entre les morts, Jésus a vaincu le péché, le diable et la mort. Il nous a donné la Victoire et la promesse de la Vie éternelle, ouvrant les Portes du ciel à toute l'humanité. C'est Dieu qui a fait sa part.

> *«Grâces soient à Dieu, qui nous donne la victoire par notre Seigneur Jésus-Christ!»* (1 Co 15,57)

> *«En tout cela nous sommes les grands vainqueurs par celui qui nous a aimés.»* (Rm 8,37)

> *«Je vous ai dit ces choses, pour que vous ayez la paix en moi. Dans le monde vous aurez à souffrir. Mais gardez courage! J'ai vaincu le monde».* (Jn 16,33)

> *«Quiconque croit que Jésus est le Christ est né de Dieu; et quiconque aime celui qui a engendré aime celui qui est né de lui.»* (1 Jn 5,1)
>
> *«Ses commandements ne sont pas pesants, puisque tout ce qui est né de Dieu est vainqueur du monde. Et telle est la victoire qui a triomphé du monde: notre foi. Quel est le vainqueur du monde, sinon celui qui croit que Jésus est le Fils de Dieu?»* (1 Jn 5,3-5)
>
> *«Voici ce témoignage: c'est que Dieu nous a donné la vie éternelle et que cette vie est dans son Fils. Qui a le Fils a la vie; qui n'a pas le Fils n'a pas la vie.»* (1 Jn 5,11-12)
>
> *«Ayant donc, frères, l'assurance voulue pour l'accès au sanctuaire par le sang de Jésus, par cette voie qu'il a inaugurée pour nous, récente et vivante, à travers le voile — c'est-à-dire sa chair.»* (He 10,19-20)

Maintenant, c'est à nous de faire notre part, en ayant foi dans l'œuvre de Dieu qui est déjà accomplie.

> *«Si tes lèvres confessent que Jésus est Seigneur et si ton cœur croit que Dieu l'a ressuscité des morts, tu seras sauvé. Car la foi du cœur obtient la justice, et la confession des lèvres, le salut. […] En effet, quiconque invoquera le nom du Seigneur sera sauvé.»* (Rm 10,9.13)

Jésus a déjà pris toutes nos infirmités sur ses épaules et nous sommes guéris.

> *«Ce sont nos souffrances qu'il portait et nos douleurs dont il était chargé. Et nous, nous le considérions comme puni, frappé par Dieu et humilié. Mais lui, il a été transpercé à cause de nos crimes, écrasé à cause de nos fautes. Le châtiment qui nous rend la paix est sur lui, et dans ses blessures nous trouvons la guérison.»* (Is 53,4-5)

L'œuvre de notre guérison, de notre salut et de notre libération a déjà été accomplie par Jésus sur le Calvaire.

Le mot grec qui signifie «salut» veut aussi dire «guérison» et «libération». C'est pourquoi, quand nous parlons du **Chapelet de libération**, nous parlons à la fois de guérison, de salut et de libération.

Que fait ce Chapelet, exactement? Ce Chapelet nous conduit, par la foi, à accepter l'œuvre de salut qui a été pleinement accomplie par Jésus au Calvaire, parce que, dans la vie de l'Esprit, tout s'obtient par la foi en Jésus et dans la Puissance de sa Parole et de son Sang rédempteur.

Le **Chapelet de libération** n'est aucunement une formule magique, mais bien une proclamation de foi dans la Parole de Dieu. C'est en acceptant cette Parole avec foi que nous pouvons attirer la main bienveillante de Dieu. Amen et Amen!

Revenons au prophète Isaïe:

> *«Or ce sont nos souffrances qu'il portait et nos douleurs dont il était chargé. Et nous, nous le considérions comme puni, frappé par Dieu et humilié. Mais lui, il a été transpercé à cause de nos crimes, écrasé à cause de nos fautes. Le châtiment qui nous*

rend la paix est sur lui, et dans ses blessures nous trouvons la guérison.» (Is 53,4-5)

Dans ce texte, la Bible affirme que Jésus a pris sur Lui toutes nos infirmités et a porté (le temps des verbes est au passé!) tous nos péchés et toutes nos souffrances. Nous avons été guéris grâce à ses blessures. Il a donc déjà enlevé nos infirmités. Souvent, nous nous accrochons à ces infirmités et nous refusons de les livrer à Jésus, n'est-ce pas? Il a été blessé par Dieu et humilié à notre place, et — répétons-le — Il a porté toutes nos souffrances et nous a guéris par ses blessures.

La Parole de Dieu nous rapporte que nous avons déjà été guéris grâce aux blessures de Jésus. Il suffit que nous acceptions personnellement, avec une foi pleine, l'œuvre de Jésus au Calvaire pour notre bien, ainsi que sa mort, sa Résurrection et son Ascension dans le ciel et sa Glorification à la droite du Père, pour que la guérison, le salut et la libération entrent dans notre vie.

Et notre famille, est-elle aussi guérie, sauvée et libérée? Il suffit de croire au Seigneur Jésus! La Parole de Dieu affirme: *«Crois au Seigneur Jésus, et tu seras sauvé, toi et les tiens»*. (Ac 16,31b)

Nous avons reçu plusieurs lettres et appels téléphoniques de personnes qui nous demandent de prier pour leur famille, leur mariage, l'éducation de leurs enfants, pour une solution à leurs difficultés financières, conjugales et physiques, pour les difficultés avec leurs enfants ou leur parenté, pour maîtriser des vices comme la drogue, l'adultère, les déviations sexuelles, etc.

Souvenez-vous que le **Chapelet de libération**, prié avec un cœur plein de confiance dans l'amour de Jésus pour nous, c'est de la dynamite spirituelle... C'est la foi en action! Et la foi peut déplacer toutes les montagnes (difficultés) qui ont été mentionnées ainsi que beaucoup d'autres, *«car rien n'est impossible à Dieu»*. (Lc 1,37)

> *«Jésus leur répondit: "En vérité je vous le dis, si vous avez une foi qui n'hésite point, non seulement vous ferez ce que je viens de faire au figuier, mais même si vous dites à cette montagne: 'Soulève-toi et jette-toi dans la mer', cela se fera. Et tout ce que vous demanderez dans une prière pleine de foi, vous l'obtiendrez."»* (Mt 21,21-22)

Prions avec dévotion le **Chapelet de libération** pour notre famille. Nous sommes convaincus qu'à la fin de ce Chapelet vous ressentirez la joie et la paix dans votre cœur.

Sur les gros grains:

Si Jésus libère ma famille, elle sera vraiment libre!

Sur les petits grains nous répéterons 50 fois:

Jésus, aie pitié de ma famille!

Jésus, guéris ma famille!

Jésus, sauve ma famille!

Jésus, libère ma famille!

C'est la puissance de la foi dans le Nom et le Sang de Jésus-Christ, notre Sauveur, que vous mettez en action.

Enseignez aux autres comment prier le **Chapelet de libération** et vous constaterez les fruits de Jésus, non seulement dans votre cœur, mais dans les cœurs des autres!

Quelle joie de savoir que Jésus agit avec puissance dans notre vie grâce au **Chapelet de libération**! Alléluia!

Les textes bibliques utilisés pour le Chapelet de libération sont tirés de: Mc 10,46-52; Lc 18,9-14; Jn 8,36; Is 53,4-5; Mt 8,2-3; Mt 14,30-31.

Prière

Seigneur Jésus, je veux Te louer et Te remercier parce que, dans ta grande miséricorde et ta grande pitié, Tu as créé cette prière puissante, pour produire des fruits merveilleux de guérison, de salut et de libération, dans nos vies, dans la vie de nos familles et dans la vie des personnes pour lesquelles nous Te prions.

Merci, Jésus, pour l'Amour infini que Tu nous portes!

Père du ciel, nous T'aimons, oui, Père, avec la confiance totale des enfants. Nous nous approchons de Toi en cet instant et nous Te prions que l'Esprit Saint se déverse dans notre cœur.

Père, pour que l'Esprit Saint puisse venir en nous, nous voulons nous vider de nous-mêmes. Ainsi donc, devant la Croix du Christ Jésus, nous Te renouvelons notre abandon complet et inconditionnel. Nous Te demandons le pardon de tous nos péchés et que ces derniers soient déposés sur le Corps blessé de Jésus. Nous nous vidons de toutes nos détresses, inquiétudes, angoisses, de tout ce qui a dérobé la joie de notre vie. Nous Te livrons nos cœurs, par le Nom de Jésus.

Père, nous déposons aussi sur le Corps crucifié de Jésus toutes nos infirmités de corps, d'âme et d'esprit, nos soucis au sujet de notre famille et de notre travail, nos difficultés financières et conjugales, toutes nos angoisses, incertitudes et détresses.

Seigneur, nous implorons la Puissance rédemptrice du Sang de Jésus. Que ce Sang vienne maintenant nous couvrir, pour nous purifier et pour purger de notre cœur tout sentiment mauvais.

Jésus, aie pitié de moi!

Jésus, aie pitié de nous!

Oui, Père, nous voulons Te livrer tous nos désirs, nos faiblesses, nos misères et nos péchés; nos cœurs, nos corps, nos esprits, tout ce que nous sommes et tout ce que nous avons: notre foi, notre vie, notre mariage, notre famille, notre travail, notre vocation et notre ministère...

Remplis-nous de ton Esprit, Seigneur! Remplis-nous de ton Amour, de ta Puissance et de ta Vie.

Viens, Saint-Esprit du Seigneur! Viens, au Nom de Jésus! Viens, et avive en nous la Parole de Dieu proclamée par le Chapelet de libération, et que, dans chaque cœur, il apporte la grâce qui guérit, qui sauve et qui libère, par le Nom de Jésus, le Christ, notre Seigneur.

Amen!

Annexe I

Je voudrais partager avec vous une expérience exceptionnelle de l'Amour de Dieu qui m'est arrivée. Je ne dirai pas que c'est l'expérience la plus fantastique qui me soit arrivée, car j'en ai eu plusieurs, mais… c'est presque la plus fantastique; elle a eu lieu la semaine dernière. (Je ne révélerai pas tous les détails, car d'autres personnes sont impliquées.)

Il y a plus de trente ans, ma femme et moi avons éprouvé une difficulté sérieuse, très sérieuse, qui a bouleversé notre vie, entraînant des suites. Il y avait un effet rattaché à cette expérience que j'essayais de contourner depuis des années. Je n'avais pas le courage d'y faire face. Je croyais être trop petit, trop faible… et je me répétais: «Je suis petit, je suis faible… Je ne peux faire face à cette difficulté, car elle est beaucoup plus grande que moi.»

J'en ai été conscient pendant ces quelque trente années, mais je continuais ma vie de tous les jours…

Cette semaine, je me suis rappelé que j'allais revivre cet événement, mais dans des circonstances qui seraient assurément différentes. Et j'ai pensé: «Eh bien, comme toutes les autres fois, je vais contourner la situation.»

Mais j'ai entendu la voix de Jésus dans mon cœur:

«Comment vas-tu contourner la situation? Est-ce que tu lis la Parole de Dieu?

– Je la lis.»

– Est-ce que tu proclames la Parole de Dieu?»

– Oui.

«Comment donc se fait-il que tu prêches une chose et que tu n'as pas le courage de mettre en application ce que tu enseignes?»

Les paroles de Jésus m'ont blessé le cœur et j'ai été rempli de honte. En effet, j'ai eu honte. J'ai eu honte et j'ai dit:

«Jésus, Tu as raison. Mais... comment donc puis-je faire face à cette difficulté énorme?»

Et la lumière se leva en moi!

Jésus me parla encore:

«Prie le **Chapelet de libération***. Demande-Moi de te guérir et de te libérer de cette difficulté, de cette crainte.»*

Je ne peux malheureusement pas vous décrire la gravité de cette difficulté, comme j'ai expliqué; mais elle dépasse tout ce que vous pourriez imaginer.

J'ai pris le chapelet que j'avais reçu pour mon anniversaire et j'ai commencé à prier le **Chapelet de libération**. Je crois bien que c'est au deuxième ou troisième grain du chapelet que j'ai commencé à ressentir la grande libération que Jésus était en train d'opérer dans ma vie. Je suis très ému de vous raconter cela. Je pensais en moi-même: «Quelle libération s'opère en moi! Alléluia! Je me sens déjà plus grand que mon problème! Je suis plein de courage!»

Comme je dis, j'étais très excité, parce que la Puissance divine dans mon cœur était si forte qu'à la fin du **Chapelet de libération** je n'avais plus peur de rien! Puis j'ai pensé: «Bon, j'ai encore quatre jours à attendre avant de faire face à la situation…» Et je me suis dit: «C'est facile, je vais prier le **Chapelet de libération** pendant ces quatre journées.»

Je dois avouer que j'ai eu des moments de faiblesse, des petites faiblesses, mais je n'avais plus peur: j'ai fait face à la situation avec courage, dans le Nom de Jésus.

> *«Quiconque invoquera le Nom du Seigneur avec foi sera sauvé, guéri, libéré!»* (D'après Rm 10,13)

Au cours du **Chapelet de libération**, nous invoquons le Nom de Jésus 205 fois et nous prions 50 fois une des prières les plus puissantes qu'il y ait dans la Bible, et qui, si elle est faite avec foi, vous lavera 50 fois dans le Sang de Jésus.

Cette prière de puissance est répétée plusieurs fois dans la Bible: **Seigneur, aie pitié (aie miséricorde, aie compassion) de moi!**

En priant le **Chapelet de libération** avec une sincère repentance de nos péchés, nous sommes vraiment pardonnés par Dieu, car sa miséricorde infinie nous vient par le Sang de Jésus qui nous purifie du péché. Il est bon de se rappeler à ce moment-là l'importance de la confession fréquente, qui nous plonge vraiment dans le Sang du Christ et qui ravive la grâce sanctifiante. Il est bon aussi de se souvenir, en cas d'un péché grave qui cause la mort spirituelle, que nous pouvons obtenir le pardon par le sacrement de réconciliation.

> *«Le publicain, se tenant à distance, n'osait même pas lever les yeux au ciel, mais il se frappait la poitrine, en disant: "Mon Dieu, aie pitié du pécheur que je suis!" Je vous le dis: ce dernier descendit chez lui justifié, l'autre non.»* (Lc 18,13-14a)

Quand je me suis mis à prier le **Chapelet de libération** pour que le Seigneur me délivre de ma grave difficulté, j'ai dit:

Si Jésus me libère, je serai vraiment libre. Jésus, aie pitié de moi! Jésus, guéris-moi! Jésus, sauve-moi!

Mais quand j'ai prié «**Jésus, libère-moi!**» j'ai prié avec beaucoup de force: «**JÉSUS, LIBÈRE-MOI!**»

Combien c'était facile pour Jésus, combien facile! J'ai senti que les chaînes qui me liaient à ce problème se rompaient.

A mon tour, je vous le demande, à vous qui lisez ce livre, tout comme Jésus me l'a demandé: vous lisez la Bible, vous enseignez la Parole de Dieu, vous parlez de Jésus, mais, quand vous rencontrez une difficulté, la peur emplit votre cœur et vous n'avez pas le courage d'y faire face, n'est-ce pas? Je suis sûr que c'est le cas. Et je vais vous dire quels sont vos problèmes: la peur de perdre un enfant (tout le monde a cette peur), la peur de tomber malade, la peur de la mort, la peur de perdre votre emploi, la peur de perdre votre mari ou votre femme, la peur de perdre tout, la peur de vous faire voler… et tellement d'autres peurs et horreurs que nous charrions avec nous dans la vie.

Nous fuyons devant ces peurs. Nous sommes des lâches. Mais nous avons accès à une Puissance plus grande que toutes nos peurs, c'est la Puissance résidant dans le Nom et le Sang de Jésus!

> *«Vous êtes de Dieu. […] Celui qui est en vous est plus grand que celui qui est dans le monde.»* (1 Jn 4,4b,d)

Aujourd'hui vous allez essayer quelque chose: vous allez rencontrer face à face la crainte qui est dans votre cœur. Vous me direz peut-être: «Mais, je n'ai pas de peur du tout!» Vous mentez! Il y a de la peur en vous! Oui, vous avez peur! Saint Paul, même saint Paul souffrait de la peur!

C'est écrit dans la Bible, dans divers passages: saint Paul a raconté qu'il avait peur:

> *«Je meurtris mon corps au contraire et le traîne en esclavage, de peur qu'après avoir servi de héraut pour les autres, je ne sois moi-même disqualifié.»* (1 Co 9,27)

Aujourd'hui est donc notre jour de libération! C'est aujourd'hui que nous rompons les chaînes qui nous lient, nos craintes, par le Nom de Jésus! Aujourd'hui est le jour du salut et de la guérison pour tous ceux qui ont la foi! Aujourd'hui, nous ne fuirons pas devant nos peurs, nos craintes ou nos cauchemars! Nous les confronterons au Nom de Jésus et nous prierons avec foi, car tous ceux qui ont la foi parleront à la montagne: «Va-t'en, au Nom de Jésus!» et elle s'en ira!

> *«Ayez foi en Dieu. En vérité je vous le dis, si quelqu'un dit à cette montagne: "Soulève-toi et jette-toi dans la mer", et s'il n'hésite pas dans son cœur, mais croit que ce qu'il dit va arriver, cela lui sera accordé.»* (Mc 11,22b-23)

Et la montagne se soulèvera et se jettera dans la mer!

La montagne dont Jésus parlait peut aussi symboliser un obstacle spirituel ou des limites comme la peur et l'angoisse.

Mon frère, Jésus est venu justement pour cela: nous donner la vie, nous sauver, nous guérir et nous libérer.

Vous désirez être libre dès aujourd'hui, n'est-ce pas?

Aujourd'hui, par le Nom de Jésus, vous allez confronter toutes vos peurs et vous allez en être délivré. Commencez aujourd'hui à prier le **Chapelet de libération** pour vous-même et continuez de le faire un certain nombre de jours.

Je fais cette prière presque chaque jour. Il est possible de la réciter en huit minutes. Ce qui importe le plus est de prier de tout votre cœur et avec une pleine confiance. Je me couche en récitant le **Chapelet de libération** et je dors en récitant le **Chapelet de libération**.

Gloire à Dieu pour tout cela!

Jésus est en tain de transformer ma vie par cette prière qui est fondée sur la Parole de Dieu. Le **Chapelet de libération** n'est rien d'autre que la Parole de Dieu. Et, pour terminer, il faut se souvenir qu'il n'y a pas de puissance supérieure à celle du Nom de Jésus. Car:

Quiconque invoquera le Nom de Jésus sera sauvé!
Quiconque invoquera le Nom de Jésus sera libéré!
Quiconque invoquera le Nom de Jésus sera guéri!

Nous commettons une grave erreur dans notre vie spirituelle en priant pour les autres avant de prier pour notre propre guérison. En effet, il faut d'abord que nous soyons nous-mêmes guéris afin de devenir des canaux puissants de la grâce divine et c'est alors que nous pourrons prier pour les autres.

Avec beaucoup de foi, il nous faut demander non seulement la libération de la peur, mais aussi la guérison physique et spirituelle; la guérison pour notre esprit de la dépression, de la tristesse, de la haine, de la colère et de la peine; la guérison de la profonde morosité de notre vie de mariage et de famille ainsi que de notre milieu professionnel et social.

Invoquons le Nom qui a la Puissance de déplacer les montagnes, le Nom qui oblige tout, au ciel, sur terre et dans les enfers, à tomber à genoux.

> *«Aussi Dieu l'a-t-il exalté et lui a-t-il donné le Nom qui est au-dessus de tout nom, pour que tout, au nom de Jésus, s'agenouille, au plus haut des cieux, sur la terre et dans les enfers.»* (Ph 2,9-10)

Parce qu'il n'y a pas, qu'il n'y a aucun autre Nom qui ait été donné aux hommes qui puisse nous sauver, nul autre Nom que celui de Jésus (voir Ac 4,12), ce Nom est musique, puissance, libération, guérison, salut, notre raison d'être; c'est le Fils de Dieu, c'est l'Amour de Dieu! Ce Nom est la solution à tous nos problèmes et à tout autre aspect de notre vie. Et ce Nom — Alléluia! — est **JÉSUS**!

J'avais oublié de vous dire que le jour où j'ai finalement eu à affronter mon problème, j'ai été complètement guéri, sauvé et libéré par Jésus. Gloire au Seigneur!

Il y a plus. Maintenant, dès qu'une peur ou une superstition pénètre ma pensée, je lui fais face de front et je dis:

Si Jésus me libère, je serai vraiment libre!
Jésus, aie pitié de moi!
Jésus, guéris-moi!
Jésus, sauve-moi!
Jésus, libère-moi!

Lorsque je commence à prier le **Chapelet de libération**, je dépose toutes mes peurs et toutes mes angoisses aux pieds de Jésus, et, effectivement, je suis guéri, je suis sauvé et je suis libéré. Alléluia!

«C'est pourquoi je vous dis: tout ce que vous demandez en priant, croyez que vous l'avez déjà reçu, et cela vous sera accordé.» (Mc 11,24)

«Notre âme comme un oiseau s'est échappée du filet de l'oiseleur. Le filet s'est rompu et nous avons échappé; notre secours est dans le nom de Yahvé qui a fait le ciel et la terre.» (Ps 124[123],7-8)

«Béni soit le Seigneur, le Dieu d'Israël, de ce qu'il a visité et délivré son peuple, et nous a suscité une puissance de salut dans la maison de David, son serviteur, […] pour nous sauver de nos ennemis et de la main de tous ceux qui nous haïssent, […] du serment qu'il a juré à Abraham, notre père, de nous accorder que, sans crainte, délivrés de la main de nos ennemis, nous le servions en sainteté et justice devant lui, tout au long de nos jours.» (Lc 1,68.69.71.73-75)

«Et Dieu ne ferait pas justice à ses élus qui crient vers lui jour et nuit, tandis qu'il patiente à leur sujet!» (Lc 18,7)

Merci, Jésus!
Mille fois Gloire à Dieu!

Annexe II

L'autre jour, comme je le fais souvent, je suis allé à la confession, et, après que j'eus confessé mes péchés, le prêtre garda silence quelques instants, puis il me regarda un bout de temps et il me dit:

«Tu as besoin de quelqu'un qui te libère!»

J'ai compris que par ces paroles le prêtre voulait me dire: «Tes bons désirs de réparation ne suffisent pas. Afin de ne pas répéter ces péchés, tu as besoin de quelqu'un qui te libère. Par toi-même, tu n'as pas la force de les vaincre et, quand tu énuméreras tes fautes la prochaine fois, tu répéteras sûrement tout ce que tu viens de confesser.»

Les paroles du prêtre se sont imprégnées dans mon cœur en lettres de feu — le feu de l'Esprit Saint:

«Tu as besoin de quelqu'un qui te libère!»

Je me suis immédiatement rappelé le **Chapelet de libération**…

Si Jésus me libère, je serai vraiment libre! Jésus, aie pitié de moi! Jésus, guéris-moi! Jésus, sauve-moi! Jésus, libère-moi!

Et, à partir de ce jour, je me suis mis à le prier avec plus d'intensité et, quand je me sentais faible, je priais avec beaucoup de foi:

Si Jésus me libère, je serai vraiment libre! Jésus, aie pitié de moi! Jésus, guéris-moi! Jésus, sauve-moi! Jésus, libère-moi!

Mes amis, je prends des forces! Jésus me délivre de plus en plus de mes péchés.

> *«Yahvé, force pour son peuple.»* (Ps 28,8a)

C'est maintenant à votre tour.

Vous aussi êtes un pécheur, comme il est écrit dans la Bible: *«Si nous disons: "Nous n'avons pas de péché", nous nous abusons, la vérité n'est pas en nous.»* (1 Jn 1,8)

Si vous avez le désir d'être délivré de vos fautes et d'arrêter de toujours accuser les mêmes péchés ou, peut-être, d'autres pires encore, suivez mon exemple: trouvez, par la foi, une personne qui vous libérera — pas n'importe qui, mais le Seul qui puisse vous délivrer de tout ce qui vous attache au péché: Jésus, le Christ, notre Sauveur!

> *«Car il n'y a pas sous le ciel d'autre nom donné aux hommes, par lequel nous devions être sauvés.»* (Ac 4,12)

> *«Puisqu'il s'attache à moi, je l'affranchis, [...] Il m'appelle et je lui réponds: [...] je le délivre et je le glorifie.»* (Ps 91,14a-15ac)

> *«En effet, quiconque invoquera le nom du Seigneur sera sauvé.»* (Rm 10,13)

Accueillez votre libération dans la puissance du Nom et du Sang de Jésus, en priant souvent et avec beaucoup de foi le **Chapelet de libération**.

Si Jésus me libère, je serai vraiment libre! Jésus, aie pitié de moi! Jésus, guéris-moi! Jésus, sauve-moi! Jésus, libère-moi!

Gloire et toujours plus de gloire à Dieu notre Père, à Jésus notre Libérateur et à l'Esprit Saint notre Sanctificateur! Alléluia!

(Regis Castro/Campinas)

Observation importante:

Et vous? Ne croyez-vous pas que vous aussi devriez prier le **Chapelet de libération** chaque jour pour vous-même et pour votre famille?

Témoignages

«C'est avec une grande joie que je vous écris pour donner mon témoignage.

Je vivais une situation très pénible parce que je souffrais d'épilepsie. Un jour, ma famille et moi-même avons commencé à prier le **Chapelet de libération**. Après quelques mois à le réciter et après un grand nombre de neuvaines, Jésus m'a guéri, pour notre joie, pour l'honneur et la gloire de son Nom.

Aujourd'hui, je vis ma vie d'une façon totalement différente. Mon état de santé est bon et ma famille est heureuse.

Je loue Dieu pour cette grâce merveilleuse et pour beaucoup d'autres grâces obtenues par la récitation du **Chapelet de libération.**»

(Claudio Cruz/Luanga/Angola)

* * *

«Maïsa,

Je vous écris au sujet des grâces que j'ai obtenues en priant le **Chapelet de libération**, grâces qui ont transformé ma famille.

J'ai écrit à ***Raboni Editora*** afin de demander des prières quand mon frère a disparu sans que nous sachions où il était. Dans les affres du désespoir devant la souffrance de ma mère et de sa femme, je ne savais où donner de la tête. J'ai donc appelé ***Cançao Nova*** et ils m'ont appris comment prier le **Chapelet de libération**. C'était il y a sept ans. Aujourd'hui, que Dieu en soit remercié, mon frère est revenu dans sa famille et tout va bien.

Maïsa, j'ai récité le **Chapelet de libération** pendant quatre années sans perdre espoir. Alors que tous étaient sans espoir, croyant que mon frère était mort, l'espoir de son retour à la maison a repris vie. C'était merveilleux. Jésus seul a pu opérer une si grande merveille dans ma vie.

Je ne peux vous donner tous les détails parce que vous n'auriez pas le temps de les lire. Je vais seulement mentionner quelques-unes des choses qui ont ramené mon frère. C'était extraordinaire, mon Dieu! Nul autre que Jésus par le **Chapelet de libération** aurait pu accomplir une œuvre si extraordinaire.

Jésus est merveilleux. Je n'ai pas écrit avant aujourd'hui, car je devais mettre les faits en ordre et, puisque mon frère avait été absent plusieurs années, très loin de l'Etat de São Paulo, c'était un peu compliqué.

Maïsa, j'ai déjà reçu plusieurs bénédictions grâce au livre du ***Chapelet de libération***, et, comme j'ai commencé à le remettre à plusieurs personnes, toutes ont reçu grâce sur grâce avec ce **Chapelet de libération**. Chaque mois, je donne dix livres en cadeau à des personnes dans le besoin.

Alors que tous les recours possibles avaient déjà été épuisés, j'ai reçu un appel d'un certain M. Antonio. Il n'est plus vivant, car le Seigneur l'a rappelé à lui. Ce monsieur m'appelait parce qu'il avait trouvé mon numéro de téléphone dans de vieux vêtements appartenant à mon frère. Ne sachant que faire, il appelait pour voir si quelqu'un le reconnaîtrait et il me l'a décrit.

Mon frère était camionneur. Quand il est allé livrer un chargement de tourbe à São Paulo, il n'est pas revenu comme c'était prévu. Il avait été volé et emporté dans un autre Etat où il avait été laissé pour mort dans une région sauvage. Les voleurs croyaient l'avoir tué, mais (comme Dieu est merveilleux!) mon frère a été retrouvé, inconscient, le crâne fracturé, les deux bras et les deux jambes cassés. On prit soin de lui dans un hôpital de l'Etat de Minas Gerais, où ce M. Antonio l'avait retrouvé. Cette personne qui l'avait trouvé abandonné dans la brousse l'avait accompagné pendant son séjour à l'hôpital et l'avait ensuite ramené dans sa propre maison où il avait pris soin de lui comme de son propre fils.

Mon frère a mis beaucoup de temps à récupérer, et c'est seulement après trois ans que le contact avec la famille a été rétabli. C'était pénible, car mon frère ne se souvenait pas de ce qui lui était arrivé ni même de sa famille.

Maïsa, quelle grande grâce c'était! Après si longtemps, je ne savais plus si c'était un rêve ou si c'était réellement vrai. Mais, grâce à Dieu et à la prière du **Chapelet de libération**, mon frère est aujourd'hui avec nous. Il a dans le corps diverses vis et tiges de métal, mais, Dieu merci, il a recouvré la mémoire et sa capacité de se déplacer. Il est redevenu normal et, ce qui compte le plus, lui, sa femme et ses deux filles forment une vraie famille.

Je remercie le Seigneur et Jésus et le **Chapelet de libération** et vous aussi!»

(***/Itapetininga)

* * *

«Je suis très heureuse et très reconnaissante envers mon Dieu de pouvoir apporter deux témoignages au sujet de grâces reçues en priant le **Chapelet de libération**.

Le premier témoignage se rapporte à la période où j'étais malade d'une infection au cou, qui est ensuite apparue sous un sein. J'avais beaucoup de petites boursouflures qui me démangeaient. J'avais très peur et je priais le **Chapelet de libération**. J'ai fait la promesse que si je guérissais sans avoir besoin d'aller voir le médecin, j'offrirais mon témoignage pour honorer et glorifier Dieu. J'ai été tout à fait guérie. Merci, Jésus! Lui seul guérit, sauve et libère!

Je vais continuer avec le deuxième témoignage. Aujourd'hui, je suis vraiment dans la joie. Grâce à Dieu, j'ai reçu de Jésus une autre grande grâce par la prière du **Chapelet de libération**. Ma fille Aline, âgée de 11 ans, avait de la fièvre. Je l'ai conduite chez le médecin et ils ont dit que c'était une infection à la gorge. Je lui ai donné des médicaments, et la fièvre a disparu. Mais, comme conséquence d'avoir pris tant d'antibiotiques, il y a eu des réactions: sa bouche et ses lèvres devinrent enflammées jusqu'aux dents. J'ai cru qu'une dent allait sortir. Je l'ai emmenée de nouveau chez le médecin, mais il a dit que ce n'était pas le cas, et je devins très inquiète parce qu'elle ne pouvait pas manger. Elle passa plus d'une semaine à boire des liquides. J'ai pleuré beaucoup et je dormais mal. Je priais le **Chapelet de libération**, mais sans obtenir de grâce de guérison pour ma fille.

Le samedi, dès mon réveil, je me suis assise dans mon lit, en larmes, désespérée, ne sachant plus que faire. J'ai dit: "Seigneur, qu'est-ce qui manque? Qu'est-ce que je dois faire pour recevoir cette grâce?" Et une réponse m'est venue à l'esprit. J'avais été blessée profondément par une voisine que je n'aimais pas et à qui je ne pouvais pas pardonner. C'est comme si Jésus m'avait parlé. Je suis sûre que c'était le cas. A cause de cela, j'ai pardonné à cette femme de tout mon cœur et j'ai prié le **Chapelet de libération** de 6 heures du matin à 6 heures du soir, à chaque heure. La réponse est arrivée rapidement. Le lendemain, ma fille a été guérie brusquement. Le lundi, elle alla à l'école et elle se remit à manger, ce qui me soulagea vraiment.

Je donne maintenant mon témoignage au sujet du **Chapelet de libération** et de la beauté du pardon. Jésus m'a touchée et je suis très heureuse.

Seigneur Jésus, je T'aime de tout mon cœur! Merci beaucoup!»

(Salete/Fortaleza)

* * *

«Regis,

Si j'affirme ceci, personne ne le croira. Cela va droit au cœur. Celui qui croira en viendra à connaître un grand miracle comme celui que Jésus a opéré dans ma vie.

J'ai une fille qui m'avait été enlevée à l'âge de quatre mois, son père étant parti avec elle, sans que je sache où.

A mon grand désespoir, j'ai passé trente ans sans aucun indice. Quand j'ai entendu parler du livre du ***Chapelet de libération***, j'ai commencé à prier pour ma fille. Après trois mois, j'ai eu une grande surprise: une tante que je n'avais pas vue depuis huit ans est venue à la maison. Quand elle est arrivée, j'ai été remplie de joie. Et elle me dit alors: "Luzia, ta fille Patricia te cherche" et elle me donna son numéro de téléphone. J'ai appelé Patricia immédiatement et je lui ai parlé; elle était déjà âgée de trente ans. Jésus est mer-veil-leux!

Merci, Jésus, pour tout! Pour compléter ma joie, ma fille me donna deux billets pour Paracuru, Ceará, où elle vit. Elle était mariée et m'a donné de connaître un gendre magnifique, Raimundo, ainsi que deux petits-enfants, Romulo et Adricia, à l'honneur et à la gloire de Jésus.

Je suis déjà allée visiter Patricia, mon gendre et mes petits-enfants, alléluia! Je ne pouvais faire autrement que de donner ce témoignage.»

(Luzia/Palmeria dos Indios)

* * *

Observation importante:

Et vous? Ne croyez-vous pas que vous aussi devriez prier le **Chapelet de libération** chaque jour pour vous et pour votre famille?

* * *

«Par cette lettre, je désire apporter mon témoignage à l'Amour infini du Dieu tout-puissant. Je veux aussi Le remercier de m'avoir fait connaître le puissant **Chapelet de libération**, car c'est par ce dernier que j'ai découvert la grande Puissance du saint Nom de notre Seigneur Jésus-Christ.

Tout a commencé dans un moment de découragement où j'ai cru que tout était fini pour moi... Ma vie était complètement bouleversée. J'ai tenté de me suicider, prenant du poison par deux fois. Après cela, mon fils aîné fit la même chose. Mon mari buvait chaque jour, il était sans emploi, il vendait tout ce qu'il y avait dans la maison afin de soutenir ses vices de boisson, de la cigarette et du jeu. Nous «grattions vraiment le fond du baril».

Mon plus jeune fils était au désespoir. J'avais déjà perdu tout espoir. Un beau samedi ensoleillé, je regardais la télévision quand j'ai entendu le témoignage d'une jeune fille. J'ai pleuré beaucoup et j'ai prié avec vous. C'était la première fois que je choisissais de suivre cette émission. C'est notre sainte petite Mère qui m'a obtenu cela. A cet instant, j'ai senti dans mon cœur la force et l'espoir.

Je suis allée acheter le livre du ***Chapelet de libération*** pour qu'il soit ma planche de salut et, que Dieu en soit loué, il le fut! J'ai commencé à lire les témoignages, et de l'un à l'autre, je pleurais et je remerciais le Seigneur pour chacun d'eux. J'ai passé la première nuit à prier sans arrêt. Quand le matin est venu, je suis tombée endormie. A mon réveil, j'ai entendu une voix me dire clairement: "Que

Jésus me libère: cigarette." C'était Jésus qui me demandait d'arrêter de fumer. De plus en plus, je continuais à devenir plus forte et à prier pour moi-même et pour ma famille.

Un soir, j'étais un peu triste et j'ai eu cette pensée: "Jésus a guéri dix lépreux à la fois et il a ressuscité Lazare. Il peut bien me guérir, moi aussi." J'ai immédiatement commencé à prier le **Chapelet de libération**. A ce moment-là, un miracle est arrivé. J'ai senti les mains de Jésus et de Notre-Dame passer sur moi, et je me mis à rendre grâces sur-le-champ.

Savez-vous ce qui est arrivé? J'ai senti que mon corps se soulevait, devenait léger comme une plume. Je ressentais une paix indescriptible. Pour l'honneur et pour la gloire du saint Nom de Jésus et de Notre-Dame, aujourd'hui je suis une femme nouvelle, heureuse, en santé, et tout a changé. Je vais à la Messe et je reçois les sacrements de notre sainte mère l'Eglise, parce que Jésus seul nous sauve, Jésus seul nous guérit, Jésus seul nous libère.

Quand je sens qu'un danger approche, je prie tout de suite le **Chapelet de libération** et, en peu de temps, tout s'arrange. J'ai déjà reçu beaucoup de grâces. Je dis de tout mon cœur à tous ceux et celles qui ont perdu espoir: "Ne désespérez jamais, parce que Jésus vous aime, ainsi que la Bienheureuse Marie. Et Ils vont vous donner tout ce dont vous avez besoin."

Faites confiance à Dieu et Il fera le reste. Si vous avez de la foi gros comme un grain de sénevé, sans douter aucunement, vous verrez la Gloire de Dieu. Car Jésus sauve, Jésus guérit, Jésus libère. Et nous ne devons pas oublier non plus le glorieux et prodigieux saint Joseph, qui est le chef de la sainte Famille de Nazareth.»

(Divina/Anapolis)

* * *

«J'écris avec beaucoup de bonheur et de foi pour apporter mon témoignage. Je suis un ex-détenu. J'étais un fugitif de la justice.

Bon, je vais commencer par le commencement. En l'an 2000, j'ai été mis en prison et je me suis évadé en 2001. J'avais le privilège de travailler à l'extérieur le jour et de revenir le soir, mais je me suis enfui. Et j'étais toujours inquiet de me faire reprendre, même si j'avais changé de vie. J'ai toujours travaillé et j'ai été marié sept ans et séparé un an.

Immédiatement après la séparation, ma vie s'est défaite. J'étais sans emploi, je buvais beaucoup, j'étais sur le point d'en finir avec la vie. Mais un jour, j'ai trouvé un petit livre, le ***Chapelet de libération***, qui appartenait à ma sœur. Je l'ai emporté à la maison et j'ai commencé à lire les témoignages et puis à faire les prières de ce **Chapelet** pour obtenir un emploi.

J'étais agenouillé, je renouvelai plusieurs fois cette prière et, quand je me suis relevé, quelqu'un a frappé à la porte. C'était mon neveu venu me dire qu'une femme avait besoin d'un maçon pour terminer un travail dans une église catholique du voisinage.

J'étais tellement surpris que ma prière soit exaucée si rapidement que j'ai continué à réciter le **Chapelet de libération** pour demander que la justice ne me rattrape pas. Peu de temps après, j'ai été arrêté. J'ai passé les cinq mois suivants à supplier ma mère de m'apporter le ***Chapelet de libération*** afin que je puisse être libéré rapidement.

Un beau dimanche, elle a apporté le livre. Le lundi, j'ai fait la prière. Le mardi, j'ai fait un rêve. J'ai dit à mon compagnon de cellule: "Demain, je vais être libéré et je vais te laisser le ***Chapelet de libération.***" Le mercredi, j'ai été mis en liberté, car le Seigneur m'a libéré.

Aujourd'hui je suis heureux, car j'ai trouvé une personne qui m'aime vraiment.»

(***/Campo Grande)

* * *

«J'ai eu un accident de motocyclette où je suis entré en collision avec un camion. Cette tragédie me laissa souffrant de fractures multiples à la jambe gauche et risquant à tout moment d'être amputée, même après une opération chirurgicale. Je souffrais beaucoup, et mon état n'était pas normal.

La veille de la fête de Notre-Dame d'Aparecida, comme je ne pouvais endurer le mal que je ressentais, en proie au découragement, je me suis rappelée que ma mère avait apporté le livre du ***Chapelet de libération*** à l'hôpital et me l'avait laissé. Puisque le lendemain était la fête de Notre-Dame d'Aparecida, je lui ai demandé avec beaucoup de foi d'intercéder auprès de Jésus. J'ai prié le **Chapelet de libération.**

C'est tout comme si j'avais subi une anesthésie. J'ai dormi. Quand je me suis éveillée vers minuit, j'ai pu constater un miracle. C'est comme si on avait opéré ma jambe. Je ne ressentais plus aucun mal, et c'était tout mouillé autour. Depuis ce jour, je n'ai plus ressenti la peur de perdre ma jambe et, pour l'honneur et la gloire de Jésus, je marche aujourd'hui parfaitement, sans prothèse.

Je rends gloire mille fois! Amen! Alléluia!»

(Edinéia/Urupá)

* * *

«Sœur Maïsa,

Veuillez lire mon témoignage à la chaîne ***Rede Vida***. Je voudrais que personne ne se décourage. Jésus guérit. Il suffit de demander avec foi. Plusieurs me demandent de prier pour eux. Je prie le **Chapelet de libération**, mais je leur réponds: "Demandez la foi à Jésus et priez, vous aussi!"

Maïsa, je regarde votre émission depuis deux ans. Le téléviseur que j'avais avant ne la recevait pas et il y a des jours où je ne la reçois pas très bien. Maïsa, je voudrais vous serrer dans mes bras.

A l'âge de cinq ans, j'ai perdu un œil dans un accident. A partir de 40 ans, j'ai commencé à me servir de verres avec des lentilles de plus en plus puissantes. Ensuite le diabète est apparu, suivi du glaucome. Je me suis longtemps mis des gouttes dans les yeux, mais la rétine se mit à faire une hémorragie. On m'envoya à Londrina voir un très bon médecin. J'ai reçu plusieurs traitements au laser, mais cela n'aida pas beaucoup. Le fond de mon œil a commencé à faire une hémorragie. Le médecin dit: "Nous pourrions opérer sur l'œil qui ne voit plus de toute façon et nous pourrions récupérer un peu de vision." L'opération a eu lieu et, avec une lentille de sept degrés, j'ai pu récupérer un peu de vision, à peu près 20 %. L'état de l'œil empirait de plus en plus.

J'ai prié et j'ai demandé à Jésus: "Guéris-moi, je ne vois presque plus." Je le lui demandais chaque jour. Je suis allée chez le médecin et je ne pouvais avancer qu'en tenant la main de quelqu'un. Chez le médecin, j'ai dit: "Docteur, je ne vois presque plus rien!" Après m'avoir examiné, il dit: "Nous sommes au bout de nos moyens. Nous ne pouvons plus nous servir du laser. Il faudrait faire deux opérations, une pour la cataracte et l'autre pour l'hémorragie du fond de l'œil." Je lui ai demandé: "Si vous n'opérez pas, est-ce que je vais perdre la vue?" Il répondit: "Oui, sûrement." Mon fils a demandé: "Est-ce que l'opération présente des risques?" Le médecin répondit: "Oui. Les deux interventions sont dangereuses et nous pouvons n'en faire qu'une à la fois, mais les deux sont risquées. Je ne peux rien garantir." Je suis devenue très morose. Je suis retournée à la maison ce soir-là et j'ai prié le **Chapelet de libération.**

J'ai demandé à avoir plus de foi, une foi vivante. J'ai prié et crié vers Dieu: "Je veux une foi forte!" Et je l'ai reçue. J'ai prié et j'ai demandé à Jésus de guérir mon œil et j'ai reçu cette grâce.

Je remercie Dieu chaque jour. Jésus guérit avec puissance. Le 9 décembre, jour de mon anniversaire, j'ai commencé à recevoir des cadeaux de mes amies. J'étais tout excitée et mes yeux ont commencé à larmoyer. J'ai enlevé mes verres et j'ai commencé à voir. C'est le cadeau que Jésus m'a donné. J'ai reçu une guérison, Dieu soit loué!

Aujourd'hui, je ne me sers plus de mes verres et je n'en aurai plus jamais besoin. Je ne suis jamais retournée voir le médecin et, Dieu soit remercié, je peux voir.

Jésus, merci pour ce cadeau d'anniversaire! C'était absolument le meilleur de tous les cadeaux. Tous ceux qui sont aux prises avec une grande difficulté devraient la confier à Jésus et avoir la foi. Il vous attend. Il ne se sert pas d'instruments, il se sert de sa Puissance.

Merci, Jésus, pour ce cadeau: la lumière pour mes yeux. J'ai écrit ces lignes. Dieu merci, mon rêve s'est accompli. Ce témoignage a déjà été présenté au groupe de prière d'ici.»

(Magdalena/Umuarama)

* * *

«J'écris cette lettre pour apporter mon témoignage. J'ai fumé depuis l'âge de 13 ans jusqu'à 70 ans. A 70 ans, j'ai décidé de cesser cette très mauvaise habitude, car elle endommageait déjà ma santé. Pendant 57 ans, j'avais fumé du tabac roulé, la pipe et la cigarette.

J'ai décidé de me servir de la merveilleuse prière du **Chapelet de libération** et j'ai obtenu la grâce que je désirais tant. Aujourd'hui, je suis très heureux, en santé, et j'ai même un emploi. C'est la deuxième fois que j'écris pour donner un témoignage.

Ayez l'amabilité de publier cette lettre, car je sais que beaucoup ont besoin de voir grandir leur foi en Jésus.»

(Desidério/Palmeria)

* * *

«Moi, Carmen Fachini, je désire laisser ici mon témoignage, afin que les personnes qui le lisent ne puissent plus douter de la bonté et de la puissance de Dieu dans notre vie. Mon mari avait une verrue dans le dos et, quand il l'a heurtée, un genre de caillot de sang s'est attaché délicatement à la peau. C'était inconfortable, car cela saignait souvent.

Un jour, il est allé à l'hôpital se faire enlever cette étrange verrue et le médecin a envoyé cette dernière au laboratoire pour la faire examiner. Le résultat était attristant: il s'agissait d'un mélanome malin, la forme la plus dangereuse de cancer de la peau. Nous avons dû chercher rapidement dès cette semaine-là de bons médecins. Les nouvelles n'étaient pas très encourageantes, car, d'après ces derniers, il n'y avait pas de guérison possible pour cette forme de cancer et mon mari n'en avait plus que pour six mois à vivre.

Une opération a été fixée pour le mois suivant, immédiatement après une semaine de chimiothérapie. Suite à l'effet puissant de la chimiothérapie, son organisme est devenu totalement affaibli et il a dû retourner passer dix jours à l'hôpital. A l'approche de Pâques, il quitta l'hôpital. C'est à ce moment que ma belle-sœur me donna le livre du **Chapelet de libération** et j'ai commencé à dire les prières le même jour.

Six mois après que tout cela avait commencé, mon mari était guéri. Depuis, nous remercions le Seigneur tous les jours pour la grâce qu'Il nous a accordée. Aujourd'hui, je continue de prier cinq **Chapelets de libération** par jour, trois pour mon mari et deux pour ma famille.

Voici donc l'expérience de douleur que toute ma famille a vécue, mais aussi un exemple de foi et de confiance en Dieu et dans le **Chapelet de libération.**»

(Carmen/Pariquera Açu)

* * *

«Moi, Roseli, je reviens encore une fois présenter mon témoignage parce que je récite le **Chapelet de libération** chaque jour: pour moi-même, pour ma famille et pour les personnes dans l'épreuve. Je l'enseigne très souvent à ceux qui en ont besoin.

Voici ce que je veux vous rapporter: j'ai vécu une situation de crise grave dans ma vie et dans mon mariage. Mon mari a perdu son emploi. Ma fille a fait une dépression nerveuse à l'adolescence. Je ne pouvais plus payer le loyer.

Mes deux enfants et moi-même avons dû vivre chez ma mère. Mon mari est parti pour Joinville afin de trouver du travail. La cantine que nous tenions a fait faillite. Nous avons été dévalisés. Mon frère et sa femme vivaient aussi chez ma mère et ils m'ont souvent humiliée. Elle, surtout, m'a fait beaucoup de tort, à moi et à mes enfants.

Nous vivions vraiment des temps difficiles. Je pleurais souvent. C'était une épreuve très pénible, mais je n'ai pas arrêté de réciter le **Chapelet de libération** et de parler à Jésus et à Dieu le Père, leur demandant d'avoir pitié.

J'ai emmené ma fille chez le psychiatre et il n'a rien trouvé de mal avec elle. Je souffrais beaucoup, mais je n'ai jamais oublié que notre Seigneur si bon et si miséricordieux vient à notre aide et nous bénit, ni que Jésus vient nous aider, ce merveilleux Jésus qui opère des miracles dans la vie des gens. J'ai perdu neuf kilos. J'ai failli faire une dépression. Mais je veux rendre témoignage de la grande guérison que Jésus a accomplie dans notre vie. Aujourd'hui ma fille est guérie et mon mari a du travail. Ma belle-sœur et son mari sont partis vivre ailleurs. Le temps des tribulations est passé.

Je viens remercier Dieu le Père et Jésus pour cette grande épreuve que ma famille et moi avons dû endurer. Je me rends bien compte que plusieurs fois ma foi faiblissait, mais Jésus me disait: "N'abandonne pas. Persévère et tu recevras la grâce."

Parce que j'ai tenu le coup, Jésus a exaucé mes prières et, aujourd'hui, je suis heureuse et ma famille aussi. Je le dis à tous ceux et celles qui liront ce témoignage: ne vous découragez pas devant la tribulation, la maladie et la malchance. Jésus n'arrête jamais de prendre soin des gens. Il est toujours à notre côté.

Récitez le **Chapelet de libération** et vous obtiendrez la grâce. Je demande à l'équipe de **Raboni Editora** de publier mon témoignage parce que j'ai promis à Jésus que lorsque je recevrais sa grâce j'enverrais mon témoignage. Que Dieu le Père et Jésus vous bénissent à l'**Editora**!

Merci, mon Dieu! Et merci, Jésus, de m'avoir donné cette grande force et d'avoir accompli des miracles dans ma vie!»

(Maria Roseli/Très Barras)

* * *

«Messieurs,

C'est avec une grande joie que je donne mon témoignage par écrit.

Quand j'ai connu le livre du **Chapelet de libération**, je me suis mise à prier le Chapelet dans diverses situations et pour des personnes diverses et j'ai reçu beaucoup de grâces.

En octobre, après que ma fille unique eut perdu un bébé que nous attendions tous avec tendresse, le médecin qui prenait soin d'elle a découvert un kyste à son ovaire gauche. Il dit que ce dernier devait être enlevé parce que c'était un cas très grave, qui impliquait aussi d'enlever l'ovaire. Le médecin et le laboratoire qui avait effectué les tests soupçonnaient qu'il y avait des cellules cancéreuses dans le kyste. Notre découragement était terrible et, pendant quelques jours, nous ne savions que faire.

Une nuit, au cours de mon sommeil, j'ai rêvé du **Chapelet de libération**, et quand je me suis réveillée, j'ai pensé: Jésus est plus grand que tout et Il va nous secourir. J'ai commencé à prier le **Chapelet de libération** deux fois par jour jusqu'au jour de l'opération.

Ce jour-là, j'ai prié pratiquement toute la journée, demandant à Jésus de s'occuper de guérir, de sauver et de libérer ma fille et de faire que ce ne soit pas vraiment cancéreux. Jésus m'a certainement entendu, car quand le médecin a terminé l'opération, il a dit que tout s'était bien passé, et qu'il avait envoyé l'ovaire et le kyste pour une biopsie. J'ai continué à réciter le **Chapelet de libération**, mais cette fois avec une plus grande ferveur. Le résultat arriva une semaine plus tard: ce n'était qu'un kyste ordinaire qui était devenu enflammé et il n'y avait pas de cellules cancéreuses.

Je suis certaine que c'est Jésus qui a pris soin de ma fille et qui l'a guérie. Elle a déjà bien récupéré, que Jésus en soit glorifié! Et pour tout cela, je glorifie mille fois mon cher Jésus-Christ! Je n'oublierai jamais la grâce que nous avons reçue!

Merci, Jésus!»

(Maria Isaura/Londrina)

* * *

«Nous écrivons avec une grande joie pour donner notre témoignage d'une grâce que nous avons reçue.

Sur le corps du fils d'un de nos amis, âgé de seulement deux mois, des taches violacées sont apparues subitement. Son corps était totalement recouvert de ces taches, y compris le palais de sa bouche. Ils l'ont conduit à l'hôpital pour des tests afin de découvrir ce que c'était. C'est alors que le pire a été révélé.

D'après le test, il souffrait d'une pneumonie double et d'une infection généralisée. Les parents, la famille et les amis furent désespérés parce que cet état était si sérieux que le bébé est resté presque un mois dans l'unité des soins intensifs et qu'il a eu plusieurs convulsions. Carlos Eduardo n'avait que deux mois, mais la maladie lui donnait l'apparence d'un bébé d'un an, car il était tout enflé.

A chaque journée qui passait, il semblait aller moins bien. L'infection se répandait. Il respirait avec l'aide d'appareils spéciaux et il avait des aiguilles partout sur son corps. Les médecins, découragés par son état, disaient qu'il ne pourrait survivre, car, en une seule journée, il avait eu cinq arrêts cardiaques. Pendant le dernier arrêt, certains médecins ont cessé d'essayer de lui sauver la vie. Mais un médecin l'a regardé et a dit qu'il essaierait encore une fois et il parvint à faire repartir le battement de son petit cœur.

C'était Jésus qui avait touché son cœur. Les jours où Carlos Eduardo était à l'hôpital la statue de Notre-Dame d'Aparecida était de passage dans notre ville. Sa mère a prié aux pieds de la Vierge, suppliant pour sa vie et sa santé. Elle et sa famille ont alors commencé les mille **Je vous salue, Marie** et nous avons organisé une grande chaîne de prière.

Mon mari et moi avons un fils de l'âge de Carlos Eduardo et nous pouvions imaginer la peine que ses parents ressentaient. Nous aussi avons commencé à dire le **Chapelet de libération**, à faire des neuvaines avec une grande foi que Jésus délivrerait cet enfant, que Jésus sauverait et guérirait Carlos Eduardo.

Grâces soient rendues à Jésus, nos prières ont été exaucées par la prière du **Chapelet de libération**. Les médecins étaient étonnés, car son amélioration a été aussi soudaine que la maladie l'avait été. Il n'a souffert d'aucune séquelle, tel le risque de devenir aveugle ou sourd. Aujourd'hui, il est vigoureux et en bonne santé. Les médecins et les personnes qui le connaissent affirment que ce fut un miracle du Seigneur.

Merci à la puissance de guérison de notre Seigneur Jésus, de la prière du **Chapelet de libération** et de l'intercession de Notre-Dame d'Aparecida.

Merci, Seigneur Jésus! Tu es merveilleux, parfait et miséricordieux!»

(Karita et Renato/Anápolis)

* * *

«J'écris avec une grande joie pour apporter mon témoignage de foi.

Il y a à peu près un an, mon neveu Eduardo a appris qu'il avait la leucémie. Mon neveu est allé chez le médecin. Eduardo a subi des tests et les résultats indiquaient qu'il avait les symptômes de la leucémie. Quel grand combat de souffrance et d'affliction cela a été! De plus, le traitement était très coûteux.

C'est à ce point que j'ai décidé d'acheter le livre du **Chapelet de libération**. J'avais déjà récité ce Chapelet regardant l'émission de **Rede Vida**. J'ai fait une neuvaine en priant avec la certitude qu'Eduardo, un jeune de 18 ans, serait sauvé, parce que Jésus le sauverait.

J'ai dit ce petit Chapelet pendant un an. Aujourd'hui Duda vient de faire les derniers tests. Il est complètement guéri. Le 4 mars, il retournera à l'école et il a déjà commencé à travailler à la Banco do Estado (la banque d'Etat).

Grâce à la puissante prière du **Chapelet de libération**, nous avons pu revoir notre Duda en bonne santé. Nous remercions aussi Jésus pour une autre grâce.

Merci, Jésus!»

(Maria Cruz/Pelotas)

* * *

«J'écris pour témoigner de ma guérison. Quand j'avais six ans, j'ai commencé à avoir une allergie aux colorants artificiels. Je ne pouvais rien manger qui en contenait. J'enflais et j'avais un accès de fièvre. C'était comme si j'allais mourir. Avec le temps, l'allergie empira et je ne pouvais rien manger qui en contenait: les bonbons, les boissons gazeuses et les yaourts étaient bannis.

Quand j'ai eu 14 ans, ma mère a découvert le **Chapelet de libération** et elle a commencé à le dire pour que Jésus purifie mon sang. Aujourd'hui, je peux manger tout ce que je veux, car Jésus m'a guéri.

Merci, mon Dieu! Merci, Jésus!

Je veux aussi remercier ma mère d'avoir prié pour moi.»

(Suzy/Brasilia)

* * *

«Bon… voici le début de mon témoignage. L'an 2000 a été pour moi une année très difficile, mais la miséricorde du Seigneur est venue à ma rencontre. J'ai terminé un traitement sévère de huit mois avec des médicaments pour guérir un microadénome qui était apparu dans ma tête.

Dieu en soit remercié, j'ai pris les médicaments et j'ai été guérie. Mais ces médicaments étaient très puissants et, quand le traitement a été interrompu, j'ai commencé à me sentir déprimée. Je n'avais goût à rien et j'ai fait une dépression. Ma vie s'effondra et j'étais dans un état très pénible, car les personnes avec qui je vivais ne savaient pas comment m'aider.

J'ai commencé à prier, et Jésus a entendu ma prière. J'étais en partie guérie, mais je ressentais toujours les effets secondaires des médicaments jusqu'à ce que je connaisse le **Chapelet de libération.** C'est alors que j'ai commencé à mieux aller. J'ai trouvé du travail et j'ai terminé ma scolarité.

Et si je devais raconter toutes les bénédictions que j'ai déjà reçues par le précieux **Chapelet de libération**, il n'y aurait pas assez de place dans cette lettre.

Aujourd'hui, Dieu soit loué, je vais très bien et je voudrais que personne n'arrête de réciter ce Chapelet, car il fait beaucoup de bien.

Soyez grandement remerciés, Seigneur Jésus, et notre petite Maman Marie! Merci beaucoup, Seigneur!»

(J./Natal)

* * *

«Je désire témoigner de la grâce de notre Seigneur et de Notre-Dame dans ma vie. J'étais enceinte de huit mois quand je suis allée chez le médecin. Après un examen à l'ultrason, le médecin affirma que le battement de cœur du bébé était différent et que ce dernier avait peut-être des difficultés cardiaques. De plus, le développement du bébé dans mon utérus était lui aussi différent: le corps de l'enfant était prêt à naître, mais la dimension de sa tête était différente de celle de son corps. Le corps était donc prêt à naître à une certaine date et la tête le serait à une autre.

C'est comme si le ciel venait de me tomber sur la tête. J'ai toujours eu beaucoup de foi en Dieu. J'ai toujours cru, mais je n'avais jamais récité le Chapelet. A ce moment, quand le médecin nous a appris ces choses, mon mari et moi étions au désespoir. Je me disais: "Que vais-je donc faire maintenant?" J'avais envie de pleurer et j'avais l'immense désir de tenir cet enfant dans mes bras, car alors seulement, pensais-je, je pourrais vraiment savoir comment il se portait. Il m'est alors venu à l'esprit que c'était seulement par Jésus et la prière de foi et de demande que je recevrais de l'aide.

Je me suis alors mise à genoux, en larmes, désespérée. Je suis allée chercher mon chapelet pour prier, mais je ne savais même pas comment commencer. Je me suis souvenue que j'avais reçu à l'église, il y avait très longtemps, un dépliant avec le dessin d'un chapelet et qui montrait comment le prier. J'étais contente de retrouver ce dépliant.

J'ai commencé à prier et, même avec le dépliant, je me suis trompée les premières fois jusqu'à ce que je sache comment faire. J'ai appris, et j'ai prié beaucoup, la nuit et le jour, avec une grande foi. Je n'ai jamais eu tant de foi dans ma vie qu'à ce moment où je souffrais tant.

J'ai récité le Chapelet marial et le **Chapelet de libération** et je me sentais très soulagée. Trois jours plus tard, j'ai subi un autre examen à l'ultrason. Au moment du test, ce dernier indiquait que le pouls du bébé était très bon, pour l'honneur et la gloire de Dieu. Mais nous ne saurions au sujet de la tête qu'au moment de la naissance du bébé. Je me sentais mieux de savoir que le cœur n'avait pas de problème et j'étais assurée que le reste du corps aussi serait parfait. J'ai continué à prier jusqu'à ce que mon beau bébé naisse, parfaite comme Dieu l'avait faite. Elle a aujourd'hui neuf mois et elle se nomme Gabriela. A chaque fois que je la regarde, si belle, si unique, si parfaite, je remercie le Seigneur et Marie avec beaucoup de gratitude pour la grâce de sa santé.

J'ai une petite de six ans, Charlene, qui est très gentille et qui est très heureuse de sa petite sœur. Cela fait treize ans que je vis aux Etats-Unis.

Que Jésus bénisse chacun de vous! Mes frères, priez avec foi et vous recevrez la grâce.»

(Marta/Floride/Etats-Unis d'Amérique)

* * *

«Moi, Dolores de Minranda Andrade, désire montrer ma gratitude à Dieu en témoignant de deux grâces considérables que j'ai obtenues. Je me suis rendue à un examen médical de routine et, pendant les tests, on détecta au sein un nodule de bonne taille, qui menaçait l'ensemble du sein.

J'ai commencé à réciter le **Chapelet de libération**, demandant la guérison. Au moment où l'on me préparait pour l'intervention chirurgicale, j'ai demandé à l'infirmière de ne pas enlever de mon doigt un anneau avec la Croix de Jésus et Marie. Par courtoisie, on me laissa l'anneau. Et moi, avec une confiance totale, j'ai dit: "Jésus va m'accompagner pendant cette opération." Et tout s'est passé avec la bénédiction de Jésus.

Quand le chirurgien est venu me visiter après l'opération, il m'a dit, le sourire aux lèvres: "Dolores, je ne peux pas expliquer pourquoi, mais nous n'avons pas eu besoin de vous enlever le sein, mais seulement le nodule, et vous êtes guérie." Je n'ai pas pu retenir ma joie. J'ai rendu gloire à Dieu comme je le fais jusqu'à ce jour.

Mais les bénédictions ne cessent pas de couler sur ma famille et moi. J'ai eu à subir à mon œil une intervention à haut risque et j'ai été guérie aussi, voyant maintenant parfaitement sans mes verres. Le pouvoir de Jésus par le **Chapelet de libération** et par l'intercession de Marie est infini. "*En effet, quiconque invoquera le nom du Seigneur sera sauvé.*" (Rm 10,13)

A cause de tout cela, je ne peux faire autrement que dire aujourd'hui: "Merci, merci, mon Dieu! Les mots ne suffisent pas à décrire ma joie!"»

(Dolores/Cordisburgo)

* * *

«Cher Regis et chère Maïsa,

J'écris pour rendre témoignage de la guérison de ma nièce Fátima. Elle est allée consulter pour une mammographie et le résultat indiquait un nodule au sein gauche. Le médecin a noté dans les résultats que cette tumeur était peut-être maligne. Elle a apporté les résultats à son propre médecin qui a confirmé la même inquiétude. Elle était au désespoir. Elle a appelé sa mère et lui a dit en pleurant qu'elle voulait vivre afin de pouvoir m'aider. Le médecin a prescrit une échographie afin de déterminer si elle avait besoin d'une intervention chirurgicale.

Ma sœur m'appela et me demanda de prier à 15 heures, au moment où sa fille passerait l'échographie et elle me dit qu'elle réciterait le **Chapelet de libération,** elle aussi. Pendant que ma nièce subissait l'échographie, j'ai demandé à Jésus de faire disparaître le nodule.

A genoux, j'ai récité le **Chapelet de libération** et quand j'ai eu terminé, j'ai dit à Jésus: "Je Te confie Fátima."

Pendant qu'elle subissait l'échographie, le médecin était très agité et nerveux. Fátima lui demanda ce qui se passait. Le médecin lui dit: "Je ne trouve pas le nodule. Je vais viser le sein gauche. Qui sait, il y avait peut-être une erreur. Mais celui-là non plus n'a rien. Je suis étonné. Le nodule a disparu." Ma nièce lui a répondu: "C'est un miracle!"

En fait, c'était un miracle. Je venais une autre fois de recevoir une grâce par le **Chapelet de libération**.

Merci, Jésus! Merci, Maman Marie!»

(Maria/Campinas)

* * *

«J'écris cette lettre pour donner mon témoignage parce que je le dois bien à Jésus. Il nous a bénis d'une façon merveilleuse!

Ma famille vivait des temps éprouvants. Mon beau-frère est propriétaire d'une compagnie qui fait vivre la famille. C'était une compagnie prospère. Grâce à ses revenus, la famille menait une vie très confortable, avec des biens tels une maison, un appartement, des voitures... C'était l'abondance. Mais les choses se sont mises à changer. La compagnie s'est soudain mise à péricliter. Les dettes se sont accumulées, des appartements et des voitures ont été vendus et la compagnie a fermé ses portes. C'était la fin de tout.

Mais une vieille amie de ma sœur lui a remis le livre du **Chapelet de libération**. Nous deux avons alors commencé à prier avec une grande foi pour une délivrance totale. La victoire vint, car Jésus est puissant et Il nous a entendus.

Aujourd'hui la compagnie a rouvert ses portes et est bénie de Dieu.

Je sais maintenant que ma famille va tout récupérer, comme l'appartement et la voiture, car Jésus est puissant et tout ce que nous avons à faire est d'avoir confiance en Lui et dans les prières du **Chapelet de libération**.

Je rends grâce à Dieu chaque jour!»

(Ziza/Paranaguá)

* * *

«Je viens rendre gloire et louange à Jésus pour une autre vie qu'Il a ressuscitée. Je me nomme Eliana et je viens vous faire part d'une grâce que j'ai obtenue.

Il était 6 heures du matin quand un agent de la sûreté m'appela pour m'annoncer que Carlinhos avait eu un accident de moto. L'agent dit que mon fils était éveillé, car c'est lui-même qui avait demandé qu'on m'appelle. Je n'étais pas très inquiète.

Arrivés à l'hôpital, nous avons demandé de ses nouvelles. Son admission a été confirmée et nous avons attendu qu'il reçoive son congé. Mon beau-frère l'accompagna pour les radios et, à son retour, il nous dit que les nouvelles n'étaient pas bonnes. Le coup avait été à la tête, mais il avait reçu des points de suture. Cependant cela saignait encore.

Je ne suis pas allée le voir, mais je me suis assise sur le trottoir de l'hôpital et j'ai commencé à réciter le **Chapelet de libération**. Ce soir-là, il a reçu son bon de sortie et, quand ma sœur est allée changer son pansement, il saignait encore. Et il ne pouvait pas relever la tête.

Ma sœur remarqua que l'endroit était mou, comme sur la tête d'un nouveau-né. Elle a eu peur, car c'était très mou et cela déformait le visage. Comme elle est infirmière, elle constatait qu'il avait un traumatisme crânien et qu'il pourrait entrer dans le coma à tout moment.

C'est alors que nos pérégrinations ont débuté. Nous avons demandé à des amis s'ils connaissaient un hôpital où il y avait une clinique de neurologie et de tomographie. Après quelques essais de notre part, Jésus entra encore une fois en action. Carlhinos alla à l'hôpital Getúlio Vargas, où il subit une tomographie qui confirma une dépression au crâne. Il devait être opéré d'urgence.

Alors qu'il devait entrer dans le centre chirurgical, il a dû revenir, car deux garçons plus mal en point que lui venaient d'arriver. J'ai appris cela et je devins extrêmement découragée. J'ai pris le **Chapelet de libération** et je l'ai prié je ne sais combien de fois.

Au matin, nous sommes allés à l'hôpital et j'ai continué à dire le **Chapelet de libération**. En proie à une angoisse indicible, je suis restée à la porte et j'ai à nouveau récité le **Chapelet de libération**. Mais, pour la gloire de Dieu, mon fils a finalement été opéré. Et Jésus, le Médecin des médecins, opéra sur lui en premier, car lorsque les médecins lui ont ouvert la tête, ils se sont rendu compte que la dépression était superficielle et que le saignement avait cessé.

L'intervention a été un succès et Carlinhos n'a pas eu de séquelles.

Que notre Seigneur Jésus soit loué et glorifié! Amen!»

(Eliana/São João de Meriti)

* * *

«Mes salutations!

Je vous écris pour témoigner de la grâce que j'ai reçue par la prière du **Chapelet de libération**.

A partir de 1995, j'ai subi chaque année un examen pour dépister le cancer de la prostate.

Jusqu'en 1999, les résultats étaient toujours négatifs et tout était normal. Mais lors d'un nouvel examen cette année-là, le médecin jugea qu'il y avait un problème et il demanda un test APS (antigène prostatique spécifique). Quand les résultats de cet examen ont été prêts, il m'a annoncé que, pour une confirmation, il serait nécessaire de faire une biopsie, car le résultat de l'APS était très différent. Suite à la biopsie, il m'a conseillé de me faire opérer, car les nodules rencontrés étaient positifs.

Ma nervosité déjà grande empira: je dormais et je mangeais mal, je maigrissais, je devenais complètement découragé. Un jour, ma femme est revenue à la maison ayant en main le volume du **Chapelet de libération** et elle m'a dit: "Nous allons réciter ensemble cette prière et cela va nous aider à faire face à cette difficulté." Après avoir lu comment faire la prière ainsi que les nombreux témoignages de tant de personnes, nous avons commencé à dire cette prière puissante.

A ma grande joie, j'ai senti une transformation remarquable s'opérer en moi. J'ai commencé à regarder mon problème en face, avec courage et foi, confiant que tout finirait par s'arranger. Ma détresse et ma peur ont disparu. J'ai subi l'intervention sans aucune complication, car Jésus n'abandonne jamais ses enfants, et, par la prière du **Chapelet de libération**, Jésus m'a entendu: il m'a guéri, sauvé et libéré.

Gloire et louange à Toi, Seigneur! Merci, Jésus!»

(Eduardo/Sorocaba)

* * *

«J'écris afin de dire merci pour une grâce que j'ai reçue en priant le **Chapelet de libération**. A toi, Seigneur, toute la louange et toute la gloire!

Avant d'avoir 21 ans, mon frère n'avait contracté aucune mauvaise habitude. Il se mit alors à boire et à fumer et cela empira de jour en jour. Il revenait à la maison pour se battre avec sa femme et ses enfants. Il les insultait, il lançait des objets et les brisait. Un bon jour, sentant que c'était mauvais de continuer de cette façon, il a accepté de suivre un traitement pour arrêter de boire. Il passa deux années sans boire d'alcool.

Après deux ans, il a recommencé, d'abord avec de la bière sans alcool et plus tard avec de la bière normale, et toute la souffrance est revenue. Ma mère a fait tout ce qui était en son pouvoir pour le faire arrêter de boire. Mais la souffrance continua et il buvait presque chaque jour. Ma mère ne pouvait plus dormir tranquille. Elle s'inquiétait pour lui, priant et demandant à la Sainte Vierge et à Jésus de le diriger et de le protéger toujours.

Un jour, nous sommes allées visiter l'église de sainte Rita de Cascia et, en examinant ce qu'il y avait dans le magasin d'objets de piété, nous avons remarqué le livre du **Chapelet**

de libération. J'avais déjà entendu parler de ce livre merveilleux. En examinant le livre nous avons senti une grande force qui montait en nous et un désir intense de posséder ce livre. Nous avons acheté le livre du **Chapelet de libération** et demandé à sainte Rita d'intercéder auprès de Jésus et de Dieu son Père pour qu'Ils guérissent mon frère de ses habitudes vicieuses, de la souffrance dans laquelle il vivait et de la souffrance qu'il causait à ceux et celles qui l'aimaient tellement.

Nous sommes revenues à la maison et, dès ce jour, nous avons commencé à réciter le **Chapelet de libération** avec beaucoup de confiance. Nous avons prié Jésus, d'abord pour nous-mêmes et ensuite pour mon frère. Et, à chaque journée où nous avons prié, notre foi et notre espérance grandissaient de plus en plus.

A mesure que les jours avançaient, nous remarquions que mon frère cessait de boire autant. Il a d'abord arrêté de fumer et plus tard de boire. Aujourd'hui, j'écris pour dire que cela fait un an qu'il n'a pas pris un verre. Il est devenu une nouvelle personne, qui s'occupe de son métier, qui vit bien, en compagnie de sa femme et de ses filles. Sa situation financière, qui n'était pas des plus reluisantes, s'améliore chaque jour.

Je voudrais ajouter que j'ai reçu beaucoup d'autres grâces par le **Chapelet de libération**.

Toute la gloire et toute la louange à Jésus, à Dieu et à Notre-Dame! Merci beaucoup!»

(***/Ourizon)

* * *

«C'est un plaisir et une joie immense de répandre la nouvelle d'une grâce obtenue par le **Chapelet de libération.** Jésus a déjà déversé de nombreuses bénédictions sur ma vie. Il a déjà accompli beaucoup de guérisons dans mon être. Je crois aujourd'hui que Dieu ne cessera jamais de tenir ses promesses dans ma vie. Aujourd'hui, je suis heureuse, car j'ai appris à connaître le merveilleux Jésus et je L'ai accueilli dans ma vie. Lui seul peut nous donner la vie et la joie de vivre, même dans ce monde tellement dominé par l'œuvre et la puissance du mal. Mais Jésus est le plus grand et avec Lui nous serons toujours victorieux.

Un jour, un enfant de 6 mois était à l'article de la mort. J'étais en train de prier le **Chapelet de libération**, comme je le fais quotidiennement pour moi-même et pour toutes les personnes pour lesquelles Dieu me demande dans mon cœur de prier. Tout à coup, la mère de l'enfant a crié avec désespoir, sans savoir que faire, car son enfant, qui avait l'air d'un ange, était en train de mourir.

J'ai descendu l'escalier, en priant à chaque marche, demandant à Dieu d'être miséricordieux et de ne pas laisser mourir l'enfant. Je ne savais pas encore quel enfant c'était, parce qu'il y avait plusieurs enfants dans la cour arrière de ma maison, où la famille payait un logis. Quand j'ai ouvert la porte, j'ai vu que le bébé était presque mort. Je suis devenue nerveuse, car le jour avant, cet enfant allait bien.

J'ai demandé si je pouvais prier sur l'enfant. Et j'ai mis mes mains sur la petite tête du bébé. J'ai commencé à prier Jésus, Lui demandant de ne pas laisser le bébé mourir, mais de le guérir et de lui donner une longue vie. J'ai récité de **Chapelet de libération**. Je n'avais pas terminé la première dizaine que le bébé s'est mis à bouger. Le père l'a pris sur ses genoux et l'enfant réagissait déjà et son état s'améliorait petit à petit.

Quand j'avais vu le bébé, moi aussi je croyais qu'il allait mourir. Mais Jésus est si miséricordieux qu'Il l'a non seulement guéri, mais qu'Il a aussi dépêché un médecin pour lui donner des médicaments et organiser un traitement. Ils lui font maintenant subir des examens, mais il va bien, Dieu merci, Jésus l'a sauvé de la mort, Il veut nous donner la vie. Que Dieu soir loué!

Voici une autre grâce. Ma fille ne réussissait pas bien à l'école, n'obtenant que des notes très basses. J'ai commencé à prier le **Chapelet de libération** et Jésus a aidé ma fille à se reprendre de toutes ses mauvaises notes. Elle-même était surprise de ses résultats et me disait: "Maman, je ne sais pas comment j'ai fait pour avoir de si bonnes notes!" Je lui ai dit: "C'est Jésus qui t'a aidée." Sois loué, Jésus, de nous donner tant de joie et tant d'espoir dans nos souffrances!

Il nous aime réellement. Jésus est le vrai Chemin du salut. Diffusez le récit de ces grâces partout, afin que tous puissent lire et croire que Jésus est parmi nous, vivant et vrai.

Gloire à Dieu!»

(Maria da Conceição/Manaus)

* * *

«Je désire apporter mon témoignage, ainsi que je l'ai promis à Jésus, pour toutes les grâces, de véritables miracles, que j'ai reçues et que je continue de recevoir. Je suis veuve. Mes enfants et moi avons souffert beaucoup de choses que nous n'imaginions jamais devoir endurer.

Des voleurs ont tué mon mari alors qu'il se rendait à la banque, comme chaque jour. Pendant plusieurs années, nous avions possédé une compagnie fournissant le gaz butane. Mon mari nous a laissé une assurance, mais il y a eu beaucoup de difficultés de main-d'œuvre. Je venais de me faire opérer quand il est mort et je n'étais pas encore remise.

Je suis allée travailler à cette même entreprise avec mon fils de vingt ans afin de continuer ce que mon mari faisait. J'ai deux filles. A ce moment-là, une avait treize ans et le bébé avait six mois. Mon fils a commencé à avoir des problèmes d'hypertension, il est devenu très nerveux et il a refusé de se faire soigner.

Quatre ans plus tard, j'ai décidé que je ne pouvais plus le garder et j'ai fermé l'entreprise. Nous étions en difficultés financières parce que les affaires n'allaient pas bien et que mon fils allait de mal en pis. Nous étions atterrés. Mais je n'ai jamais arrêté de crier vers Jésus, Lui demandant de ne pas nous abandonner, car tout ce qu'on peut imaginer nous arrivait.

Mon fils a quitté la maison. Il ne nous connaissait plus. Il nous haïssait, mes filles et moi. La seule chose qui ne nous est pas arrivée a été de pleurer des larmes de sang. Je n'ai jamais arrêté d'implorer Jésus de sauver ma famille. Je Le suppliais toujours: "Jésus, ne m'abandonne pas, aie pitié de moi, chasse tout ce mal." Je priais même à voix haute pour mes enfants afin que Jésus nous montre le chemin et la lumière.

Un jour, mon fils est revenu. La souffrance n'a pas cessé pour autant. Il avait de terribles périodes de dépression où il voulait s'enlever la vie. Il avait perdu tout ce qu'il possédait. Je priais en lui tenant la tête. Il criait: “Maman, arrête d'appeler Dieu. Cela ne sert à rien.” Le temps a passé et tout a commencé à s'améliorer. J'ai oublié de raconter que quand il souffrait ses épisodes de crise, il en était venu au point de briser des crucifix.

Un jour, mon fils a pris la Bible de son propre gré et il s'est mis à la lire. Il passait jour après jour à la lire et à faire des commentaires sur tout ce qu'il lisait, essayant de nous l'expliquer. Il ajustait le téléviseur pour regarder la chaîne **Rede Vida**. Il prenait plaisir à regarder tout ce qu'il pouvait comme les messes et les bénédictions, jusqu'à minuit. Il m'appelait aussi pour que je regarde les messes du père Marcelo.

Mon cœur a commencé à se remplir de joie. Je savais que Jésus ne pouvait pas abandonner ma famille, surtout pas mon fils qui avait été perdu mais qui était maintenant retrouvé.

Ma mère me fit cadeau du livre du **Chapelet de libération**. J'ai commencé à le lire et ma foi se mit à grandir à mesure que je lisais le livre et que je récitais le **Chapelet de libération**. Les miracles et les grâces qui ont commencé à arriver dans nos vies continuent à ce jour. Il s'agit de vrais miracles. J'affirme cela de tout mon cœur.

Avec une grande foi en Jésus, mon fils a guéri; avec beaucoup de foi, il travaille et il est même retourné à l'école. J'ai demandé de l'argent à Jésus, car j'étais dans le besoin et, un jour, j'ai reçu une lettre me disant que je pourrais retirer une somme d'argent dans cinq jours. Cela m'a beaucoup aidée, Jésus en soit remercié. Merci, Jésus, merci! Cela venait d'un investissement dans un consortium, datant d'il y a seize ans.

J'ai loué un local pour distribuer le gaz. Ils ont effectué plusieurs réparations qui étaient nécessaires. C'est là une autre des grâces que j'ai obtenues. J'ai demandé à Jésus de pouvoir louer cet endroit. Merci à Jésus, car j'ai obtenu ce que j'avais demandé.

Mon genou droit enflait beaucoup pendant la journée et me dérangeait la nuit. J'ai récité le **Chapelet de libération** tout en frottant mon genou avec le livre. Je suis guérie. Merci, Jésus! Mon fils est guéri et il a un emploi; mes filles vont très bien; et moi, je suis une mère comblée. J'en remercie Jésus.

Je continue de recevoir des grâces, disant quotidiennement le **Chapelet de libération**. Jamais je ne me fatiguerai de dire: "Merci, Jésus! Merci, Jésus!"»

(Cadet/Novo Hamburgo)

* * *

«Cette lettre veut rendre grâce pour une faveur obtenue par le **Chapelet de libération**.

Il y a deux ans et deux mois, mon père a été atteint du cancer des poumons, à cause de la cigarette. Après avoir commencé une chimiothérapie, il allait beaucoup mieux et a pu reprendre sa vie normale. Il était âgé de 66 ans. Mais, il y a quarante jours, son état empira. Il a dû cesser la chimio parce que son organisme n'avait plus aucune résistance. Le dernier recours était un drainage des poumons. Cela a été fait à l'hôpital, puis on l'a laissé sortir pour qu'il puisse mourir au sein de sa famille.

Comme cela faisait déjà un certain temps que j'avais acheté le livre du **Chapelet de libération** après l'avoir vu à la télévision, j'ai commencé à réciter ce Chapelet pour mon père. Après trois jours, il a commencé à aller mieux. Quand il avait quitté l'hôpital, il ne dormait pas bien, il ressentait une grande douleur dans le dos, son souffle était très court et il ne voulait pas manger. Une fois que j'ai eu commencé le Chapelet, tout a changé. L'amélioration a été rapide et, dès le troisième jour, des merveilles ont commencé à arriver.

Aujourd'hui, cela fait trente jours depuis que nous avons commencé à dire le Chapelet. Mon père dort bien, il ne ressent plus les fortes douleurs dont il souffrait, il mange normalement, il n'a plus le souffle court et il a repris une vie normale.

Que notre Seigneur Jésus-Christ et Marie soient loués pour les bénédictions que le **Chapelet de libération** a fait pleuvoir sur mon père, aussi bien que pour toutes les autres grâces accordées à ma famille et à moi-même.

Je prie chaque soir quand je suis dans mon lit et chaque matin avant de me lever, rendant grâce pour les bénédictions que le **Chapelet de libération** accomplit dans mon foyer. Je suis si heureuse. Jésus, Jésus, tu es plein de compassion!»

(Luiza Fernand/Espirito Santo do Pinhal)

* * *

«Bien-aimés Regis et Maïsa,

J'écris pour donner mon témoignage et je vous demande de le publier parce que je l'ai promis à Jésus.

J'ai eu deux interventions chirurgicales à l'estomac et l'infirmière, qui est mon amie et ma sœur dans le Christ, m'a fait cadeau du livre du ***Chapelet de libération***. J'ai prié ce Chapelet quotidiennement, parce que je vivais une année très difficile. J'ai souffert d'une séparation dans mon mariage après vingt-quatre ans d'une union heureuse. Nous avions aussi des difficultés avec nos finances et avec notre santé. Mais, grâce à Jésus, j'ai trouvé la force de surmonter ces difficultés.

Cette année, je me suis blessée à l'œil droit accidentellement, en y faisant gicler un liquide toxique. Mon œil est devenu horrible à voir et, même en me servant de divers médicaments, son état ne s'améliorait pas. Continuant de réciter toujours le **Chapelet de libération** avec foi, j'ai demandé à Jésus qu'Il me guérisse par sa grâce. En fait, c'est une amie voisine qui m'a montré à mettre des gouttes de solution saline dans mon œil pour le nettoyer. Et, Dieu merci, mon œil a guéri complètement. Je ne ressens plus aucune douleur à l'œil, sans aucun effet secondaire.

Voici un autre témoignage important. Mon fils travaille dans une banque et une erreur a été détectée dans son solde journalier. Il a essayé d'en découvrir l'origine par tous les moyens possibles, mais en vain. Il a dû payer la différence à partir de son salaire. J'ai essayé de mon mieux de lui remonter le moral.

J'ai demandé à Jésus avec foi, par le **Chapelet de libération**, de révéler où était l'erreur. Et un ami à la banque a découvert que c'était une confusion de cartes bancaires qui avait causé la différence. Grâce au Bon Jésus, mon fils a été libéré de cette dette.

J'ai reçu une autre grâce merveilleuse. Avec mon Chapelet, j'ai demandé à Jésus de m'aider à payer quelques dettes que j'avais, parce que mon revenu quotidien ne suffisait pas à les payer. Et Jésus m'a répondu d'une façon étonnante. J'ai eu assez d'argent pour payer presque toutes mes dettes.

Je suis très reconnaissante à Jésus et à Marie pour leur si grand amour. Je vous remercie aussi, du fond du cœur, pour nous avoir fait connaître la Parole de Dieu et aussi pour le précieux cadeau de votre amitié.

Que Jésus nous garde et nous bénisse toujours de ses divines bénédictions!»

(Dalva/Campo Grande)

* * *

«J'étais sans emploi depuis neuf mois. J'avais envoyé quelques CV, mais il n'y avait aucun signe d'un travail disponible. Après avoir vu votre émission à la télé, j'ai décidé de prier le **Chapelet de libération**.

Avant la prière, j'allumais un cierge que j'éteignais quand la prière était terminée. Chaque jour, en l'éteignant, je priais les invocations suivantes: "Si Jésus me libère, je serai vraiment libre de l'esclavage du chômage! Jésus, aie pitié de moi! Jésus, guéris-moi! Jésus, sauve-moi! Jésus, libère-moi du chômage!" De ma propre initiative, j'ajoutais à la fin de chaque dizaine cette prière: "Dieu exauce, Dieu exaucera, car sa miséricorde est inépuisable."

Pour l'honneur et la gloire du Seigneur Jésus, deux jours avant que le cierge soit complètement brûlé, un travail s'est présenté pour lequel ma candidature a été acceptée.

Que Jésus soit loué et remercié!»

(Edve/Itu)

* * *

«Je témoigne de cette grâce, afin que les incroyants deviennent des personnes qui croient au Seigneur Jésus et à la puissance du **Chapelet de libération**.

Je souffrais beaucoup de crampes menstruelles et je suis allée voir un gynécologue. Il a découvert par échographie que mes ovaires étaient polycystiques (la grandeur normale d'un ovaire est de 9 cm, mais les miens étaient de 27 cm). Je devais prendre des hormones pendant un an, afin de guérir.

Mais je ne peux pas prendre des hormones, car je souffre de plusieurs effets secondaires comme le manque de souffle, les maux d'estomac, les maux de tête, la tachycardie, les étourdissements et les nausées. J'ai tout de même commencé à prendre le médicament, car je n'avais pas le choix. C'est à ce moment que je me suis souvenue que j'avais le livre du **Chapelet de libération** et je me suis mise à dire le Chapelet. J'ai demandé la guérison de mes ovaires. J'ai prié ainsi vingt jours et j'ai cessé subitement, car j'étais sûre d'être guérie. J'avais déjà arrêté de prendre les hormones, car je me sentais vraiment très mal.

Je suis allée voir un autre médecin à la clinique spécialisée d'une autre ville. Quand le médecin a fait un examen manuel, elle a dit qu'il n'y avait plus rien. J'étais étonnée, presque incrédule, mais j'ai insisté pour qu'on fasse un examen échographique détaillé.

Et voilà que ma guérison a été attestée! Après dix jours de médicaments où je me sentais vraiment mal et vingt jours de **Chapelet de libération**! Je témoigne de tout cela pour l'honneur et la gloire du Seigneur Jésus!»

(Patrícia/Santé Fé do Sul)

* * *

«C'est avec un immense plaisir que je vous écris encore une fois pour témoigner des merveilles que le Seigneur Jésus-Christ a su accomplir, non seulement dans ma vie mais dans celle de toute ma famille, par la récitation du **Chapelet de libération**. En effet, c'est par ce moyen que j'ai recouvré la paix, la joie et toutes sortes de bonnes choses. Je ne savais plus du tout ce que "la paix" signifiait.

Grâce au Seigneur, j'ai découvert cette prière et, par elle, j'ai trouvé Jésus. Et Il continue de me délivrer de toutes sortes de mauvaises choses et aussi de résoudre mes problèmes et ceux de ma famille, qu'ils soient professionnels, financiers, familiaux, matrimoniaux ou moraux.

Voici ce qui se passe. A chaque grâce que je reçois ou qu'un membre de ma famille reçoit, je remercie le Seigneur Jésus et j'en viens à croire et à me fier encore plus en son action. Je sais que dorénavant le Seigneur Jésus ne m'abandonnera jamais, parce que c'est Lui que j'appelle chaque jour, Lui que je supplie et Lui à qui j'adresse mes prières.

Frères, j'étais découragée, attristée par les désastres qui nous affligeaient. Je voyais ma famille tomber en morceaux jour après jour, minute par minute. C'est comme si un rocher nous tombait sur la tête, nous écrasant. Mais, que Dieu et le **Chapelet de libération** en soient remerciés, j'ai vu ma famille se relever. D'innombrables raisons m'ont conduite à réciter chaque jour le **Chapelet de libération.**

Mon frère était pratiquement alcoolique, mais, l'an dernier, il est tombé de cheval sur trois fils barbelés qui lui ont laissé au cou des marques permanentes. Lui-même, quand il était sobre, déclarait qu'il ne voulait plus boire. Mais, quand Satan le séduisait, mon frère faisait tout ce que ce dernier lui disait. Et, quand je l'ai vu donner au diable son propre sang, je me suis dit: "Je vais lutter de toutes mes forces et demander au Seigneur Jésus de libérer mon frère de ce vice méprisable." Et aujourd'hui, Dieu soit loué, mon frère ne boit plus!

Ma vie professionnelle a changé du tout au tout. Par la grâce de Dieu, à partir de ce moment, mes problèmes ont trouvé une solution.

A chaque journée nouvelle, le Seigneur accomplissait un miracle dans ma vie et celle de ma famille, et dans la vie de ceux et celles pour qui j'avais prié.

Que Dieu soit remercié! Je dis le **Chapelet de libération** chaque jour. J'ai déjà obtenu diverses grâces et je suis convaincue que le Seigneur va continuer d'opérer des miracles dans ma vie et dans celle de ma famille.

Dieu soit loué! Merci, Jésus, merci aussi pour les livres! Merci, Jésus, de m'aider à découvrir que Toi seul as le pouvoir de guérir, de sauver et de libérer! Toi seul apportes la solution à tous nos problèmes!

Merci beaucoup!»

(***/Biritinga)

* * *

«Je vous écris parce que j'ai fait la promesse que j'enverrais mon témoignage si Dieu le Père tout-puissant me venait en aide.

Mon mari et moi-même vivions une situation bien difficile. Parce qu'il était sans travail, nous nous disputions constamment. C'est comme si sa présence m'irritait. Il sortait pour aller chercher du travail, mais sans succès. Quand il revenait à la maison, la chicane reprenait. Nous avions mis de côté un peu d'argent dans l'espoir d'acheter une propriété. Mais, suite au chômage de mon mari, il devenait clair que l'argent accumulé si chèrement devrait être dépensé pour le loyer, l'électricité, etc.

Voir mon rêve d'acheter ma propre maisonnette s'évanouir en fumée était extrêmement douloureux. Mon mari s'est ensuite mis en tête que nous allions prendre cet argent et acheter un camion, car il avait déjà de l'expérience comme conducteur de camion. Cela est devenu pour lui une idée fixe et, plutôt que de sortir pour chercher du travail, il allait à la recherche d'un camion. Mais j'étais inquiète. Et nous nous disputions encore plus.

C'est à ce moment que j'ai commencé le **Chapelet de libération** et que j'ai demandé au Seigneur de nous éclairer sur le chemin à prendre. J'ai eu alors comme une lumière qui me fit comprendre qu'à ce moment-là avoir un travail était ce qui comptait le plus.

Le Seigneur nous a bénis, mettant sur notre route des gens qui pouvaient nous aider. Aujourd'hui, grâce à Dieu et au **Chapelet de libération**, nous avons notre camion et, Dieu merci, le travail ne manque pas.

Merci à Jésus, et merci à toi, ma sœur, qui m'as fait cadeau du **Chapelet de libération**! Aujourd'hui, quand je me trouve dans une situation éprouvante, je connais déjà cette prière puissante qui nous réconforte dans les moments difficiles de notre vie.

Je serais très contente si vous publiiez mon témoignage, car je l'ai promis à Dieu à ce moment d'épreuve et parce que j'ai lu dans la Bible qu'il est préférable de ne rien promettre plutôt que de promettre quelque chose et de ne pas le faire.»

(Josiane/Porto Feliz)

* * *

«Maïsa et Regis,

C'est avec un très grand plaisir que je viens vous écrire et vous donner mon témoignage des bénédictions que ma famille et moi-même avons reçues.

J'étais une fumeuse depuis un certain temps et je croyais ne jamais pouvoir arrêter. Une amie m'a parlé de ce livre intitulé **Chapelet de libération**. J'ai pu arrêter de fumer sans jamais recommencer. Une autre bénédiction que ma famille et moi avons reçue a été que mon père a cessé de boire. Il avait bu pendant trente-neuf ans. Il a maintenant 57 ans et il avait commencé à boire à l'âge de 18 ans. Une assistante sociale est venue chez nous pour discuter de la situation. Elle nous a parlé et a offert, si mon père voulait rencontrer un médecin, de fixer un rendez-vous. Mon père a accepté et je suis allée avec lui.

Le médecin lui a donné un médicament, assurant que mon père arrêterait de boire. Le jour suivant, il a commencé à prendre le médicament, mais il s'est mis à enfler de partout. Je suis devenue découragée. Je me suis alors jetée à genoux et j'ai récité le **Chapelet de libération**. J'ai demandé au Seigneur de nous éclairer et que cette enflure disparaisse. Dans les larmes, j'ai présenté ma demande à Jésus et il m'a exaucé.

Loué soit notre Seigneur Jésus-Christ! Cela fait déjà presque cinq mois que mon père a cessé de boire! Cela a été la plus grande des bénédictions! Veuillez publier mon témoignage.

Merci, Jésus! Jésus seul guérit, Jésus seul sauve, Jésus seul libère!»

(***/Urânia)

* * *

«Regis et Maïsa,

Avec une grande joie, je vous envoie mon témoignage des grâces reçues par la prière du **Chapelet de libération**.

Pendant plus de huit années, ma fille a souffert d'une affection maligne. Elle et moi en souffrions toutes les deux.

Je souffrais de la voir endurer des évanouissements et toutes sortes d'autres malaises. Je la conduisais chez les médecins et ils disaient qu'elle n'avait pas de problème de santé. Souvent, ils ne prescrivaient même pas de médicament. Et, quand ils en prescrivaient, cela ne valait rien. C'est comme si elle buvait de l'eau.

Elle se sentait mal au travail, à la maison, dans l'autobus, etc. La dernière fois où elle s'est sentie mal a été en revenant du travail, en descendant de l'autobus. Heureusement qu'un jeune homme l'a portée à la maison. A son arrivée, elle m'a demandé de prier pour elle. Et elle a dit qu'elle aussi essaierait de prier, mais elle ne pouvait pas, à cause d'un horrible bruit de ricanement qu'elle entendait dans ses oreilles. C'est alors que je me suis souvenue du **Chapelet de libération**. Je savais comment le réciter, mais je n'avais pas le petit livre.

Mais j'ai mis la main sur sa tête et je me suis agenouillée. Quand j'ai eu fini de prier, elle était déjà endormie et se réveilla seulement le lendemain. A partir de ce jour, elle ne ressentit plus rien de ce genre. Il y a maintenant plus de deux ans que Jésus l'a délivrée de cette mauvaise chose.

Je loue et je glorifie le Nom du Seigneur Jésus pour ce grand miracle!»

(N. L. S./Brasília)

* * *

«Bien chers frères,

Je suis aujourd'hui dans l'obligation de témoigner pour une des plus grandes grâces que j'aie reçues de toute ma vie.

J'étais au désespoir, écrasée sous le poids d'une dette énorme. Je ne pouvais plus manger, ni boire, ni même dormir, sans m'éveiller tout le temps, et je ne m'occupais plus tellement de mes enfants.

J'étais découragée et j'en étais même au point de songer à m'enlever la vie, moi une personne bien catholique et qui avait toujours aimé beaucoup ma famille. Je me suis mise à réfléchir à ce qui arriverait à ma mère si je la décevais une autre fois, car j'avais été enceinte au moment de mon mariage. Bien que ma fille lui soit très attachée, au moment de sa naissance, ma mère avait été très déçue.

J'ai pensé à me suicider, mais, avant, je voulais tuer mes trois enfants, mon mari et ma mère. Je m'imaginais que si je tuais tout le monde je m'en sortirais. J'étais vraiment "au bout du rouleau".

J'ai commencé à réciter le **Chapelet de libération**, j'ai fait la neuvaine à Notre-Dame, et j'ai prié sur les Douleurs de Marie. J'ai demandé pardon et j'ai prié, c'est tout. J'ai demandé une solution à Dieu, mais j'étais tellement bouleversée que je ne me rendais même pas compte que le Seigneur préparait des personnes pour me secourir. Découragée, j'en parlai à mon mari. Je croyais qu'il allait se séparer de moi.

Je lui ai demandé pour l'amour de Dieu de ne pas en parler à mes frères plus âgés. Mais il n'a pas pu s'en empêcher. Il me voyait si désespérée qu'il est allé en parler avec mon frère aîné, et, Dieu soit loué, ce dernier a été pour moi un vrai père, un véritable envoyé de Dieu. Il m'a donné des conseils et il a promis de m'aider.

J'ai alors demandé à Dieu et à Notre-Dame de m'aider à me rapprocher des gens impliqués et à leur expliquer ce qui était arrivé. Moi, qui étais si effrayée, j'ai réussi à parler au couple en question, qui s'est montré très compréhensif avec moi. Ils m'ont donné une nouvelle chance de recommencer à zéro, et je vais m'accrocher à cette occasion avec toute ma foi. Je vais continuer de prier le **Chapelet de libération**, non seulement pour moi-même, mais aussi pour toutes les personnes avec qui je vis, spécialement ce couple, mon mari, ma mère et mon frère.

Voilà pourquoi je loue, remercie et bénis Dieu. Je remercie aussi Marie, notre Mère à vous et à moi.»

(***/Barra Mansa)

* * *

«Mes salutations!

Que la paix de notre Seigneur Jésus-Christ soit avec chacun de nous, aujourd'hui et toujours! Chers amis, j'écris ces quelques lignes pour remercier notre Seigneur Jésus-Christ et Notre-Dame d'Aparecida pour l'obtention d'une grande grâce.

Pendant quelque temps, j'avais l'impression que quelque chose d'horrible était dans ma tête... C'était une perturbation si étrange que je ne sais pas comment exprimer ce qui m'arrivait. Je sais seulement que je sentais constamment la présence de cette chose terrible dans ma tête.

Quelque chose me poussait vers le désespoir et une peur terrifiante. Un dérangement dans mon esprit bouleversait totalement ma vie. Je ne pouvais plus l'endurer et cela était présent tout le temps. J'ai essayé de ne pas y penser, mais, bien que j'essayais de me distraire, je ne réussissais pas. Cette perturbation était toujours dans ma tête; c'était une bien lamentable situation. Mais Dieu est un Père si bon et si miséricordieux! Et Jésus-Christ et Notre-Dame d'Aparecida m'ont accordé la grâce de commencer à prier le **Chapelet de libération**.

Je tins bien serrée la main de Jésus-Christ, notre Sauveur, et celle de Notre-Dame d'Aparecida. J'ai commencé à prier le **Chapelet de libération**, avec la confiance et l'espoir que seul Jésus-Christ peut nous inspirer.

Merci à Dieu, à Jésus-Christ, à Notre-Dame d'Aparecida, au divin Esprit Saint! J'ai été délivrée. Je me suis agenouillée dans ma chambre et, avec beaucoup de foi et d'espérance, j'ai demandé à notre Seigneur Jésus-Christ et à Notre-Dame d'Aparecida de me libérer de tout ce qui m'arrivait, parce que je ne pouvais plus endurer cela.

Grâce à Dieu le Père, à notre Seigneur Jésus-Christ et à Notre-Dame d'Aparecida, quelques minutes après avoir fait cette prière, j'ai eu la sensation que les mains puissantes de Jésus et de Notre-Dame touchaient mon esprit et que j'étais totalement libérée. Je n'oublierai jamais ce jour-là, car c'est la journée la plus importante de ma vie.

Tout cela grâce à notre Seigneur Jésus-Christ, notre Sauveur et celui du monde. Je n'ai jamais douté que seul Jésus-Christ et Notre-Dame d'Aparecida puissent tout faire, surtout nous guérir et nous libérer.

Je me souviens toujours d'une chose: Jésus seul est l'unique et définitif Chemin que nous puissions prendre. Il n'y en a pas d'autre dans la vie. Ne montre pas à Jésus-Christ la grandeur de ton problème, mais montre plutôt à ton problème la grandeur et la puissance de Jésus-Christ, notre Dieu et Père éternel.

Que la paix du Christ Jésus soit toujours avec nous!

Avec toute mon appréciation.»

(Silvânia/Très Marias)

* * *

«J'écris cette lettre pour donner mon témoignage de la grande grâce que j'ai reçue en disant le **Chapelet de libération**.

Mon grand-père, âgé de 75 ans, tremblait et souffrait beaucoup. Il passait ses jours et ses nuits au lit car, s'il se levait, il se mettait à trembler. Il alla visiter plusieurs médecins, mais aucun ne pouvait affirmer avec certitude ce qu'il avait.

Ils disaient seulement que cela dépendait de son âge avancé. Il a été hospitalisé plusieurs fois, il prenait toutes sortes de médicaments, mais rien ne réussissait. Malgré cela, il essayait de vivre une vie normale, surtout avec ses petits-enfants pour lesquels il avait une grande affection et auxquels il avait donné beaucoup d'attention.

L'an dernier, l'état de mon grand-père empira. Il ne mangeait plus, il ne parlait plus, il ne reconnaissait personne. Il restait toujours au lit. Tous s'attendaient au pire d'une minute à l'autre. On avait l'impression qu'il allait mourir.

C'est alors que j'ai commencé à réciter le **Chapelet de libération**. J'ai passé toute une nuit à prier pour mon grand-père, demandant à Jésus de le guérir, implorant Dieu de lui redonner la vie. Le lendemain matin, comme par miracle, mon grand-père s'est mis à prier et, à partir de ce moment, sa santé a commencé à s'améliorer. Le tremblement avait disparu.

Grâce à Dieu le Père, à Jésus et au divin Esprit Saint, mon grand-père est né à nouveau! Merci, Jésus, d'avoir guéri, sauvé et libéré mon grand-père!»

(Miriam/Irati)

* * *

«J'écris pour vous apporter le témoignage suivant. Il y a quatre mois, j'ai vécu une grande épreuve. Mon fils de 20 ans a commencé à se plaindre d'un mal de tête. Il est allé plusieurs fois chez les médecins et ils n'ont rien trouvé. Il a été radiographié sans que rien ne soit révélé. Un jour, quand je suis allée à sa demeure, il se sentait très mal en point, ne reconnaissant personne, n'ayant aucune sensation dans les jambes. Nous l'avons donc conduit encore une fois à l'hôpital. Je ne savais que faire. Je devins très nerveuse et je suppliai que quelqu'un fasse quelque chose pour mon fils.

Les médecins disaient que cela dépendrait du neurologue, mais ce dernier ne pouvait voir mon fils avant un mois. Mon fils ne pouvait attendre plus longtemps, autrement sa vie serait en danger. Je suis allée à sa chambre, en continuant de prier. Je me suis souvenue de la parole de Jésus: "*Tout ce que vous demanderez en mon Nom, je le ferai.*" J'ai demandé au Nom de Jésus que Dieu et la Très Sainte Vierge fassent quelque chose pour mon fils. Je suis retournée à la maison et je récitais le **Chapelet de libération:** "Si Jésus libère mon fils, mon fils sera vraiment libre." Deux jours plus tard, j'étais au travail quand j'ai appris la nouvelle qu'il avait été transféré à Sorocabe et qu'on l'opérait à la tête. Ils ont extrait un demi-litre de pus et l'intervention a été très compliquée.

Grâce à Dieu et à Marie, mon fils est guéri, même s'il a dû passer un mois à l'hôpital. Quand je priais, j'avais dit que si Jésus guérissait mon fils, j'enverrais mon témoignage. Le nom de mon fils est Carlos Eduardo et le mien est Edivani.

Avec le **Chapelet de libération**, je veux, je vais obtenir d'autres grâces, si Dieu le veut.»

(Edivani/Salto)

* * *

«Merci, Jésus!

Je témoigne ici de la grâce que j'ai reçue de Jésus, notre Seigneur.

Après son diplôme, ma fille ne pouvait pas trouver un emploi. Nous avons envoyé son CV à diverses compagnies, mais en vain. Elle est devenue découragée et profondément attristée. Nous étions inquiets. N'ayant jamais travaillé, elle n'avait aucune expérience et tout le monde exigeait de l'expérience. J'ai obtenu le livre du ***Chapelet de libération*** et je me suis mise à prier avec beaucoup de foi. J'ai promis à Jésus que si elle obtenait un emploi, j'enverrais mon témoignage.

Grâce à notre Seigneur, elle a aujourd'hui un travail et elle est très heureuse. J'apporte donc mon témoignage avec beaucoup d'émotion, remerciant Dieu et le **Chapelet de libération**. Merci, Jésus!»

(Eri/Uberlândia)

* * *

«C'est avec beaucoup de joie que je viens apporter mon témoignage au sujet d'une grande grâce reçue au moyen du **Chapelet de libération.**

Je voudrais que cela soit publié pour que d'autres personnes sachent combien Jésus est merveilleux. Ma fille Elaine Cristina devait se faire enlever les trompes de Fallope, les ovaires et une tumeur. Le médecin a dit que lorsqu'il a pratiqué son incision, il aurait voulu la refermer tout de suite, car tout était agglutiné et il a dû tout reconstruire à l'intérieur.

J'ai commencé à réciter le **Chapelet de libération** jour et nuit, et j'ai dit à Jésus que si l'analyse était négative, j'écrirais pour donner mon témoignage. Hier, elle est retournée voir le médecin. Il en était bouche bée quand il a vu les résultats de l'examen: il n'y avait rien de sérieux, Dieu merci! Elle a 33 ans et est mariée depuis deux ans. Elle ne peut plus avoir d'enfants, mais pour Jésus, il n'y a rien d'impossible. Je rends maintenant grâce à Dieu parce que ma fille est guérie. Merci, Jésus!

L'an dernier, le lupus était apparu dans le sang de ma fille, j'avais dit le **Chapelet de libération** et Jésus l'avait guéri.

Merci beaucoup, mon Jésus! Je vous envoie un gros baiser. Jésus nous aime.»

(Luzia/Marília)

* * *

«Monsieur Regis,

Je vous fais parvenir deux témoignages portant sur deux faveurs obtenues de Dieu, de Jésus, grâce à la prière du **Chapelet de libération.**

La première est advenue quand j'ai dû faire un test préventif. Avant la date normale pour recevoir les résultats, j'ai reçu une lettre me demandant de venir chercher les résultats. Je suis allée les chercher et j'ai montré les résultats à mon médecin. Alors qu'elle examinait les résultats, j'ai vu sur son visage une expression inquiète. Je lui ai demandé s'il y avait quelque chose de grave. Elle m'a répondu que cela pourrait l'être si je ne me faisais pas traiter, car j'avais le VPH (le virus du papillome humain).

Mon médecin expliqua que ce virus cause le cancer de l'utérus. Mon cas était avancé et la solution serait d'opérer afin d'enlever l'utérus.

J'ai annoncé cela à mon mari et il était très triste et très inquiet. Le jour même, il a parlé à sa mère et elle m'a conseillé d'acheter le livre du ***Chapelet de libération***. Elle m'a dit de prier et de demander à Dieu le Père et à Jésus-Christ de me guérir.

J'ai acheté le livre et je me suis mise à prier. Plus tard, je suis allée voir le médecin pour les examens préopératoires qu'elle avait demandés. C'est alors qu'elle me dit que mon cas avait déjà trouvé une résolution. Un médecin de ses amis qu'elle avait consulté sur mon cas lui avait dit qu'il n'était pas nécessaire d'opérer du tout, car un traitement suffirait à lui seul à résoudre le problème.

J'ai subi deux séances de cautérisation et une biopsie, et, que le Dieu très bon en soit remercié, cela a suffi. Plus tard, j'ai eu un autre examen préventif qui n'a indiqué la présence d'aucun virus. J'étais tellement heureuse d'avoir été guérie grâce à Dieu le Père et à Jésus-Christ, par la prière du **Chapelet de libération**. J'ai maintenant un examen de contrôle tous les trois mois.

La deuxième grâce a été obtenue pour ma mère. Elle souffrait de saignements de nez causés par une forte pression artérielle. Elle resta à l'hôpital plusieurs jours et subit une intervention très compliquée. J'étais très inquiète pendant ce temps.

J'ai commencé à prier le **Chapelet de libération**, demandant à Dieu le Père et à Jésus-Christ de la guérir, et j'ai encore une fois été exaucée: l'état de ma mère s'est amélioré. Elle contrôle maintenant son hypertension avec des médicaments. A la suite de tout cela, je vais continuer de prier le **Chapelet de libération** tant que je vivrai.

Que Dieu bénisse toutes les personnes qui prient le **Chapelet de libération**!»

(Patricia/Paranamirim)

* * *

«Chers amis Regis et Maïsa,

Le cœur plein de reconnaissance envers notre Seigneur Jésus-Christ et la Très Sainte Vierge Marie, j'apporte mon témoignage au sujet de la merveille opérée par le **Chapelet de libération** dans ma vie et dans celle de ma famille.

Mon mari a perdu son emploi alors que j'étais enceinte d'un mois et demi et que nous avions grandement besoin d'argent pour payer des tests et des médicaments.

J'ai trouvé du travail, mais parce que j'étais enceinte, je n'ai pu continuer plus d'un mois. A la fin du premier mois de vie en ville, nous avons reçu les factures pour l'éclairage, l'eau, le loyer et l'alimentation. Le travail que mon mari avait déniché n'était pas très rémunérateur et ne dura pas longtemps.

Je suis devenue très nerveuse et très inquiète. Ce qui nous encourageait un peu était lorsque mon beau-père nous visitait et nous encourageait à nous livrer avec confiance entre les mains de Dieu et qu'un jour les choses s'arrangeraient. C'est lui qui nous a appris au sujet du livre du ***Chapelet de libération*** et qui m'a apporté le livre.

J'ai commencé à prier et à m'attacher à Jésus et à la Vierge Marie chaque jour, en espérant la grâce. J'ai demandé la protection pour ma famille, spécialement pour mon mari, car il avait réussi à acheter un taxi, mais il n'avait pas de permis pour le conduire. Le temps où il travailla comme chauffeur de taxi, tou se passa bien. C'était une des grâces que j'avais demandées, mais il a dû arrêter à cause du permis de conduire.

La ville de Primavera est un endroit très difficile pour trouver du travail et voilà qu'il se retrouvait encore sans emploi. Mais je n'ai jamais abandonné et je continuais à prier le **Chapelet de libération**.

Que Jésus en soit remercié! Grâce à cette prière, j'ai obtenu de Dieu une autre grâce. Cela arriva quand mon mari a obtenu l'emploi où il travaille encore aujourd'hui.

Il est bien payé et nous n'avons plus besoin de payer le loyer, l'électricité et l'eau, car nous vivons dans une ferme.

Je suis très heureuse et très reconnaissante à Dieu le Père, à Jésus et à la Vierge Marie d'avoir entendu mes prières du **Chapelet de libération**. Je vis très heureuse dans cette ferme avec mon mari et nos enfants: Jefferson, âgé de six ans et Guilherme, qui a quatre mois.

Chaque fois que nous sommes dans le besoin, nous pouvons compter sur Dieu, car pour Lui, il n'y a rien d'impossible. Loué soit Jésus!»

(Marileide/Pimenta Bueno)

* * *

«Loués soient Jésus et Marie!

Chers frère et sœur dans le Christ, Regis et Maïsa,

Par la grâce de Dieu, je viens à vous, qui êtes les personnes inspirées qui avez écrit le ***Chapelet de libération***, livre que je connais depuis quelques années. Je prie, je prierai toujours, je rendrai toujours grâce pour la faveur qui suit.

Notre fils Thiago, âgé de 21 ans, est né avec une cardiopathologie congénitale (atrésie pulmonaire). Il a déjà subi trois interventions, quelques cathétérisations et une angioplastie.

Comme si cela ne suffisait pas, il avait une opacité à l'œil droit. Mais, même au milieu de ces tribulations, je continuais de louer Dieu et je ne me séparais pas de Dieu le Père, de Jésus, du Saint-Esprit et de Notre-Dame. J'ai conduit mon fils chez l'ophtalmologue et ils ont demandé une tomographie. Nous voilà partis pour l'hôpital Beneficência

Portuguesa pour un examen. Un petit caillot est apparu au cerveau et le médecin nous a recommandé de consulter un neurologue de l'hôpital Albert Einstein. Nous en étions désespérés. Je serrais mon **Chapelet de libération** et je le récitai jusqu'au matin.

Le neurologue demanda une résonance magnétique pour examiner toute la région du cerveau, des carotides et des aortes. Cet examen dura deux heures.

Ce dimanche-là, M. Regis dit dans sa prière: "Tout ce que vous demanderez dans la prière avec foi, Jésus vous l'accordera." J'ai été frappée par cette prière et je demandais et demandais avec foi. Plus tard Maïsa a dit que si nous savions comment pardonner... Sur-le-champ, j'ai fait un retour complet sur moi-même pour voir si j'avais blessé quelqu'un. Et j'ai aussi pardonné. L'examen indiqua qu'une intervention chirurgicale ne serait pas nécessaire. Voilà la raison pour laquelle je vous donne ce témoignage. Demain nous parlerons au neurologue et au cardiologue.

Merci pour tout. Que Dieu vous bénisse, et n'oubliez jamais de prier pour nous. Une mère qui a beaucoup appris au sujet du **Chapelet de libération** vous embrasse.»

(Cleide/Santo André)

* * *

«Je me suis trouvée dans une situation désespérante, car j'avais découvert que mon frère consommait de la drogue. Je ne savais plus que faire. De jour en jour, il devenait plus attaché à son vice, et nous étions témoins de sa vie qui se détruisait.

Je me suis souvenue du **Chapelet de libération**, et, avec mes deux sœurs, nous avons commencé à le réciter chaque jour, demandant à Jésus de le libérer de la drogue. Quelque temps plus tard, nous avons constaté qu'il était en train de changer et nous avons aussi commencé à prier pour ses amis qui se droguaient aussi.

Aujourd'hui, par la grâce de Dieu, il est complètement transformé, libéré de la drogue, et il prend une nouvelle direction dans sa vie. Certains de ses amis aussi ont arrêté.

Merci, cher Père, de nous avoir rendus dignes de ta miséricorde! Merci à vous, Regis, de propager le **Chapelet de libération**, car c'est au moyen de ce dernier que nous avons obtenu cette merveilleuse grâce.»

(Lúcia/courriel)

* * *

«Le cœur débordant de joie et de paix, je désire témoigner au sujet d'une grande faveur que j'ai reçue. C'est grâce à notre grande foi au Sacré-Cœur de Jésus et à Notre-Dame.

Mon mari et moi-même étions en train de commémorer notre vingt-cinquième anniversaire de mariage par une Eucharistie avec bénédiction des alliances. Comme nous sortions, notre plus jeune fils, âgé de 16 ans, appuya la tête sur mon épaule en disant: "Maman, je ne me sens pas bien du tout." Je sentais qu'il était froid et pâle, mais tout le monde disait: "C'est sa tension qui a baissé parce qu'il n'a pas déjeuné. Allons manger et ça va s'arranger."

Pendant le repas, je l'ai regardé. Son côté gauche était tout plissé et il a commencé à avoir des convulsions. Mon mari l'a saisi juste à temps et l'a sorti, déjà inconscient. Par un coup de la Divine Providence, une voiture de police approchait. Ils sont venus à notre aide et ont conduit mon fils et mon mari à la salle d'urgence.

En route, le cœur de mon fils a cessé de battre et — voyez comment c'est la Divine Providence — un agent expérimenté a su faire un massage cardiaque et le réanimer, mais sans qu'il reprenne connaissance. Il a été conduit sur-le-champ à la salle de traumatologie où il s'est réveillé après un certain temps.

C'est alors que notre Calvaire a commencé. Ils ont passé des résonances magnétiques, des tomographies et toutes sortes d'examens qui indiquaient tous une lésion très grave au cerveau. Certains médecins disaient que c'était une inflammation, d'autres une tumeur, et, à notre grand désespoir, à chaque résonance la lésion était plus grande.

Nous sommes partis de Manaus et nous l'avons conduit à São Paulo à trois reprises. La première fois, nous sommes revenus sans conclusion et il continuait d'avoir des convulsions chaque jour. La deuxième fois, nous sommes allés dans un autre hôpital. Le médecin a conclu qu'il y avait une tumeur et que la solution était d'opérer. Mais il parlait plus des risques que des bienfaits d'une intervention. Nous avons alors décidé d'essayer un traitement de quinze jours avec des corticoïdes. Si les corticoïdes ralentissaient la croissance de la lésion, il y aurait un autre traitement possible.

Pendant ces quinze jours, les convulsions continuaient et son côté gauche se paralysait. Une autre résonance a démontré que la lésion continuait de croître. L'intervention a donc été fixée pour un vendredi. Le mercredi, nous

nous rendrions à São Paulo. Mais je n'étais pas encore résignée à l'opération. J'avais peur.

Je me suis donc agenouillée et j'ai récité le **Chapelet de libération**. J'ai crié vers le Cœur Sacré de Jésus et le Cœur Immaculé de Marie de me donner de la lumière pour indiquer une autre façon, un autre médecin, mais qu'il me fallait une réponse au plus vite car il s'agissait de la vie de mon fils.

Je me suis levée calmement, avec une grande confiance. L'idée surgit soudain en mon esprit de demander l'avis d'un autre médecin avant l'opération. Mon mari était d'accord et, le jeudi, nous sommes allés à l'hôpital Beneficência Portuguesa de São Paulo. Une équipe médicale a apporté un diagnostic de cysticercose (ver plat) et le traitement a débuté immédiatement.

A partir de ce moment, mon fils n'a plus eu de convulsions et, deux mois plus tard, une résonance indiquait qu'il n'y avait plus rien. Bien qu'il ait manqué une bonne partie de l'année scolaire, mon fils est retourné en classe et il a pu se reprendre et finir son année.

Une autre grâce a été obtenue, cette fois pour mon fils Fabiano. Il paniquait en conduisant une voiture et il n'allait plus à la messe ni même à l'église. Mon mari et moi avons dit le **Chapelet de libération**, priant pour qu'il soit libéré de toutes les mauvaises choses qui le troublaient et pour sa conversion. Pour l'honneur et la gloire de notre Seigneur Jésus-Christ, il s'est déjà remis à conduire et il vient à la messe.

Merci, mon Dieu, pour tant de bénédictions, pour tant d'amour! Jésus, je crois aux miracles! J'ai confiance en Toi! Amen!

Je continue de réciter le **Chapelet de libération** pour toute ma famille.»

(Francisca/Manaus)

* * *

«Regis et Maïsa,

Je viens avec cette lettre révéler la faveur reçue de Jésus quand j'ai trouvé un emploi. Tout dans ma vie semblait aller mal. Pendant des années, je ne réussissais pas à trouver de travail stable. Je vivotais en faisant des choses qui ne payaient pas très bien. J'en étais au point où certaines personnes ne me payaient pas. On m'a alors montré comment dire le **Chapelet de libération**. Je n'étais pas très religieux et aucunement dévot.

J'ai ensuite commencé à fréquenter un groupe de prière et j'ai même suivi un séminaire de la vie dans l'Esprit qui à la fin me transforma. Aujourd'hui, je continue à dire le **Chapelet de libération** et je suis très reconnaissant, car je travaille déjà, même si je n'ai pas encore une carte. Mais Dieu sait comment agir dans notre vie et je crois que si Dieu m'a montré le chemin vers cet emploi, tout est pour le mieux. Je continue de répéter que Dieu est Amour, qu'Il nous guérit, qu'Il nous sauve, qu'Il nous nous libère.

Merci pour l'occasion de témoigner.»

(Carlos/Jacareí)

* * *

«Gloire, gloire au Seigneur Jésus!

Je veux présenter mon témoignage de tout ce que le Seigneur Jésus a accompli pour ma famille et pour moi-même.

Quelque chose de très grave était arrivé dans ma famille. Mon frère, João Leite Moraes, est tombé gravement malade d'un cancer à la gorge. Il a grandement souffert, ayant passé beaucoup de temps en traitement. Quand j'ai appris cela, j'étais au désespoir.

J'ai pensé à Dieu et au **Chapelet de libération**. J'ai commencé à le prier avec beaucoup de foi. Je vis à Sorocaba (SP) et mon frère vit à Paranavai (PR). C'est très éloigné, et, pour cette raison, je ne pouvais pas lui rendre visite. J'obtenais des nouvelles seulement par téléphone.

Parfois son état empirait et parfois son état s'améliorait. Je continuais néanmoins à prier. J'ai fait la promesse à Dieu que je témoignerais si mon frère allait mieux, et voilà que cela fait quatre années qu'il se porte mieux. Que Dieu en soit remercié! Il était une personne rebelle et aujourd'hui il est différent, c'est une personne de foi.

Aujourd'hui, quand un problème se présente dans ma vie, je crie vers le Seigneur et je commence à réciter le **Chapelet de libération**. Comme je suis heureuse d'avoir été exaucée grâce à Dieu!

Je demande que vous soyez tous bénis et je suis reconnaissante pour cette occasion de révéler toute la grâce et le bonheur dont nous sommes comblés. Je suis bien contente d'avoir connu le livre du ***Chapelet de libération***, qui fait tant de bien à tout le monde.

Au Nom du Seigneur Jésus, Amen!»

(Lourdes/Sorocaba)

* * *

«Regis,

Je vous écris une nouvelle fois pour témoigner des autres bénédictions que j'ai reçues. La première fois, c'était d'arrêter de fumer et cette fois-ci, c'est ma pension de retraite.

Regis, cette pension prenait du temps à arriver. J'ai promis à Jésus que si elle arrivait, je distribuerais quinze copies du ***Chapelet de libération.*** Comme Dieu est merveilleux! Vous savez, Regis, je regardais votre émission le dimanche et je continue de la regarder. Cela faisait trois ans que je demandais au Seigneur pour cette pension et qu'elle ne voulait pas arriver.

Un beau dimanche, je me suis préparée pour aller à l'église. Après être sortie de la cour, j'ai décidé de revenir et d'aller vérifier ma boîte aux lettres. Regis, quelle sensation de joie j'ai ressentie! Dans la boîte aux lettres, il y avait une lettre de la Sécurité sociale. C'était enfin la pension de retraite, avec salaire minimum, mais cela m'aiderait beaucoup. A ce moment-là, je ne pouvais même pas payer la facture d'électricité. Et Dieu seul sait comment je réussissais à survivre. Regis, j'ai déjà donné les quinze copies du ***Chapelet de libération.*** J'en ai envoyé cinq à la prison.

Merci, Jésus, pour une autre grâce obtenue. Le Seigneur Jésus est merveilleux.»

(Maria da Gloria/Rio de Janeiro)

* * *

«J'ai appris à connaître le **Chapelet de libération** par l'entremise de ma mère et depuis lors j'en ai retiré beaucoup de grâces.

J'ai dû déménager à la ville de São Paulo à cause de problèmes de santé. Ma mère m'a accompagnée, alors que j'allais y subir des traitements pour le cancer. J'y suis resté cinq mois. Nous habitions dans la maison de ma tante, la sœur de ma mère.

Une voisine de ma tante est devenue très découragée, car son frère avait souffert d'un grave accident de travail où sa jambe, du genou en descendant, avait été gravement brûlée, avec les chairs exposées et le pied, surtout, dans un état critique. Les médecins ne gardaient pas grand espoir de sauver son pied. La décision d'amputer avait déjà été prise et la famille avait même autorisé par écrit l'amputation.

Voyant le découragement de cette dame, je lui ai remis le livre du ***Chapelet de libération*** et je lui ai dit que si elle faisait cette prière avec foi elle pourrait obtenir n'importe quelle grâce, car rien n'est impossible à Dieu. Un matin, elle invita les gens du voisinage à prier le **Chapelet de libération** dans sa demeure, à l'intention de son frère, et cela a été fait. Par la grâce de Dieu, le jour même de l'opération pour amputer le pied, les médecins ont décidé de tenter une autre fois de le sauver. Le résultat? Jésus a guéri son frère et son pied n'a pas été amputé.

Une autre grâce a été obtenue, pour laquelle j'avais promis de témoigner, la guérison de mon beau-frère. Il avait subi un anévrisme cérébral et il est resté deux jours dans le coma. Selon les médecins, ses chances de survie étaient de 20 %. Une intervention chirurgicale était nécessaire. S'il survivait, il y aurait des séquelles. J'ai immédiatement commencé à réciter le **Chapelet de libération** à son intention.

Quand les résultats sont arrivés, il est devenu apparent qu'il y avait une amélioration remarquable. L'opération a eu lieu, sans suites néfastes. C'est Jésus qui l'avait guéri, sauvé et libéré.

Comme je le disais au début, je subis des traitements pour le cancer, car je souffre d'une tumeur systémique au poumon droit. Depuis que j'ai commencé à réciter le **Chapelet de libération**, je n'ai eu que de bons résultats. La tumeur est bien contrôlée. Je continue mes traitements et bientôt je suis certain que je vais apporter mon témoignage d'une guérison totale.

Que toutes grâces et toutes louanges soient rendues à notre Seigneur Jésus-Christ et à Notre-Dame!»

(Evandro/Imperatriz)

* * *

J'écris afin de témoigner des merveilles que le Seigneur a accomplies dans ma vie et dans celle de ma famille. J'étais une personne pleine de rancœur, de problèmes, de dépression, de mélancolie et de tristesse; il n'y a rien qui allait bien, et, quand j'allais à la messe, je ne pouvais rien comprendre. Je n'aimais pas aller à l'église. Pendant six années, j'ai fréquenté des endroits où Jésus n'était pas présent.

J'étais désabusée de la vie. Rien de ce que j'espérais ne se réalisait, et, en plus d'écouter des mensonges, je dépensais beaucoup d'argent sans résultats. Une fois, j'ai dit des paroles horribles au Seigneur Jésus. Lui, dans son Amour et sa miséricorde, m'a montré qu'Il m'aimait beaucoup et qu'Il avait un plan d'amour pour ma vie.

Un jour, j'ai commencé à aller aux veillées de prière et à demander avec détermination que le Seigneur puisse apporter une réponse à toute cette douleur et tout ce désenchantement. Le Seigneur Jésus a apporté une révélation par une personne qui animait la soirée: "Toi, la femme pleine de confusion, voici ta place. Tu as du prix à mes yeux." A ce moment, j'ai senti que ces paroles étaient pour moi. Jésus me toucha et mon cœur se mit à battre plus rapidement, c'est comme s'il brûlait avec ardeur. J'ai continué d'aller aux rencontres et de prier le **Chapelet de libération**. Jésus et Notre-Dame m'ont libérée de la peur de la noirceur et, aujourd'hui, je n'ai plus peur. Maintenant je peux comprendre le sens des paroles de la messe. Ma famille a été libérée de divers problèmes. Mon oncle qui était sans emploi depuis de nombreuses années a trouvé du travail.

Un matin au réveil, je me suis mise à réciter le **Chapelet de libération** pour ma mère qui était au travail. Cette dernière avait des difficultés avec des étourdissements dus à une labyrinthite, et elle ne pouvait voir personne. Il lui arrivait presque de tomber. J'ai commencé à prier à l'intention de sa santé; et, quand je suis arrivée au deuxième mystère, j'ai commencé à me sentir malade. Je me sentais étourdie, j'avais des sueurs froides, l'estomac dérangé, et j'avais l'impression que j'allais m'évanouir. J'ai demandé la force au Seigneur et j'ai pu finir ma prière.

Quelques minutes plus tard, ma mère appela. Je lui ai demandé si elle avait été malade et j'ai décrit les symptômes. Après une pause, elle demanda: "Comment as-tu pu savoir cela?" Je lui ai dit que pendant que je priais pour elle, j'avais ressenti tous ces symptômes. Elle est maintenant guérie et libérée de cette maladie et, de fait, elle n'a plus jamais été malade. Ma mère récite maintenant le **Chapelet de libération** chaque soir. Merci pour la puissance de l'amour et de la miséricorde de Jésus, Lui qui pardonne toute faute, qui transforme nos cœurs!

Quand nous plongeons dans la fange, Il nous retient par la main, Il nous purifie et Il renouvelle notre vie. Il nous regarde dans les yeux et Il nous dit: "Je t'aime parce que tu es ma fille bien-aimée; ton nom a été imprimé sur mon Cœur avant même que tu existes et tu resteras éternellement à mon côté." Merci, Seigneur, pour la vie et pour tout! Que le Seigneur Jésus vous bénisse tous et chacun!

Je vous demande affectueusement de publier ce témoignage dans le livre du ***Chapelet de libération*** pour le bien des personnes qui ont besoin de lumière.»

(Aparecida/Cascavel)

* * *

«Ma sœur m'a fait cadeau du livre du ***Chapelet de libération.*** Cela fait dix-neuf ans que je suis mariée. J'ai été fiancée un an et demi, mais je ne m'étais alors pas rendu compte que mon mari souffrait d'une maladie terrible, l'alcoolisme. Il ne gardait jamais un travail bien longtemps et il devenait violent sous l'influence de l'alcool. Cependant, quand il était sobre, il était bon, religieux, et il ne manquait jamais la messe du dimanche.

Une fille unique est née, âgée aujourd'hui de 15 ans. Quand elle était petite, elle ne remarquait à peu près rien, mais avec le temps elle a commencé à remarquer deux pères différents. Ma fille a alors demandé que le couple se sépare, car nous vivions l'enfer dans notre foyer. Mais, parce que je viens d'une famille religieuse où nos parents nous ont appris à prier et mettre beaucoup de confiance en Dieu et où aucun frère ou sœur ne s'est jamais séparé, cela me répugnait, et je gardais toujours l'espoir et la confiance en Dieu, en la très Sainte Vierge et en tous les saints auxquels je pouvais faire appel. Mais rien ne s'améliorait.

Mon mari était toujours ivre ou il buvait à peu près tout le temps et il devenait de plus en plus violent. Je n'ai pas besoin de raconter dans le détail toutes les choses horribles qui sont arrivées dans notre vie. Voilà qu'un jour ma sœur aînée m'a remis le ***Chapelet de libération***. J'ai commencé immédiatement à prier. Même mon mari à moitié ivre disait le **Chapelet de libération** pour se libérer de la boisson. Le temps passait et il ne semblait pas qu'il allait guérir.

Mais je n'ai pas perdu espoir. J'ai mis ma confiance en Jésus. Un beau soir, mon mari arriva à la maison, ivre, sans emploi et en hurlant. Ma fille et moi avons fui la maison, nous réfugiant dans la demeure de mon autre sœur. Je suis demeurée séparée de mon mari huit mois. J'avais toutefois pitié de lui, car il n'essayait pas de se trouver une autre femme et il n'acceptait pas la séparation. Il promettait de ne plus boire.

Nous avons repris la vie commune, mais le vice demeurait. Et je réfléchissais pour comprendre comment et pourquoi Jésus ne m'entendait pas. Je pleurais beaucoup et ma fille, de plus en plus bouleversée, en est venue au point où elle ne voulait plus regarder ni son père ni même moi. Je me suis séparée encore une fois, mais il ne voulait pas me laisser en paix. Il nous appelait en état d'ivresse et ma fille et moi priions très fort et nous nous laissions aller au découragement.

Le jour de la fête de Notre-Dame d'Aparecida, ma grande alliée et avocate, il appela en état d'ivresse et j'ai offert de l'aider (comme je l'avais déjà fait) à aller chez les Alcooliques anonymes. Il a accepté et nous sommes allés dans une ville voisine pour participer à une réunion. Jusqu'à ce jour, depuis presque deux mois, il n'a pas bu une seule goutte d'alcool. Il est devenu une autre personne. Il prend du poids et nous vivons dans la paix. Je continue à réciter le **Chapelet de libération** parce que d'autres problèmes apparaissent. Nous n'avons pas encore réglé nos difficultés financières, mais cela viendra, parce que le pire problème, l'abus d'alcool, n'existe plus.

J'ai confiance en Jésus et en Marie que l'alcool ne reviendra jamais plus nous tourmenter. Jésus nous a guéris, Jésus nous a sauvés, Jésus nous a libérés! Je rends grâce à Jésus!

Que Dieu vous éclaire, qu'il vous accorde la santé pour vous permettre de continuer à faire connaître ce merveilleux remède pour toutes les afflictions, le **Chapelet de libération**. Je transmets la dévotion au **Chapelet de libération** à toutes les personnes, selon mes capacités.»

(***/São Francisco de Paula)

* * *

«Paix et miséricorde!

Je tiens tout d'abord à vous féliciter pour le beau travail d'évangélisation que vous faites par le **Chapelet de libération**. Je voudrais aussi participer à cette évangélisation en racontant mon histoire. Je me suis mariée très jeune et j'ai eu deux filles. A l'âge de 25 ans, j'ai perdu mon mari et la plus âgée de mes filles, qui avait alors 7 ans, dans un accident de voiture. Ma plus jeune fille et moi-même avons été gravement blessées, mais, par la grâce de Dieu, nous avons récupéré pleinement. Je sentais que Dieu avait un plan sur ma vie.

Petit à petit, je me suis remise à vivre, je suis retournée à l'école et, deux années plus tard, j'ai rencontré mon mari actuel. Nous avons eu à faire face à plusieurs difficultés avec sa famille, qui n'acceptait pas notre relation parce que j'étais veuve, que j'avais une fille et qu'il était plus jeune que moi de six ans. Mais cela ne nous a pas empêchés de nous marier. Avec le temps, ils m'ont acceptée et aujourd'hui ils sont tous des plus aimables avec moi.

Après cinq années de mariage, mon mari, qui avait toujours été très affectueux et tendre avec moi, a commencé à se montrer distant et froid. Il ne me parlait presque plus; il était très étrange. J'ai essayé de lui parler et il m'a dit que ce n'était plus comme avant, que l'enchantement était rompu, que ce n'était pas le genre de vie qu'il voulait. J'étais terrassée et, une semaine plus tard, j'ai quitté la maison avec ma fille, parce que je ne pouvais plus rester aux côtés d'une personne qui n'éprouvait plus de sentiments pour moi.

Quelques semaines plus tard, j'ai découvert qu'il avait une liaison avec une autre femme. Moi, qui n'avais jamais assisté à une veillée de prière, je commençais à vouloir y aller. Même avant de m'y rendre, ce même jour, j'ai senti que l'Esprit Saint me touchait et j'ai dit à mon mari que notre mariage n'était pas fini, que Jésus transformerait l'eau en vin, bien mieux qu'au début, tout comme il l'avait fait aux Noces de Cana, ce qui avait été l'Evangile lu le jour de notre mariage. Mon mari n'était pas touché et il disait qu'il avait bien le droit d'essayer d'être heureux.

J'ai commencé à aller au groupe de prière et à sentir que Jésus me parlait. Dans mes prières, je Lui demandais de confirmer ce que j'avais dit, que mon cœur ne se trompait pas, que la séparation n'aurait pas lieu.

Un mois plus tard, je suis allée au Cénacle, et, au moment du ministère de guérison, un frère a annoncé qu'il y avait ici une femme qui croyait que son mariage était détruit, mais que Jésus allait le restaurer, comme Il était intervenu aux Noces de Cana. C'était la confirmation que j'attendais. J'ai quitté l'endroit toute rayonnante, avec le sentiment qu'un miracle venait d'arriver. Quand j'ai vu mon mari, j'ai pensé que je devrais prier beaucoup pour obtenir cette grâce, car il ne faisait que parler de séparation légale.

Quelques jours plus tard, j'ai signé le document et il a déposé la demande de séparation, mais au fond de mon cœur, je savais bien que c'était une perte de temps magistrale. Après cela, je suis allée à une messe de guérison et de libération et, encore une fois, au moment de la guérison, une sœur a dit qu'il y avait une femme présente qui croyait que le vin de son mariage était épuisé, mais que son mari lui reviendrait transformé, alors qu'ils avaient fait les arrangements avec un avocat. J'ai pleuré et je tremblais, car je reconnaissais que cela me concernait.

J'ai raconté cela à mon mari et je lui ai demandé de tout annuler avec l'avocat, que Dieu guérirait notre mariage, mais il ne voulait pas m'écouter et il fixa une date pour le procès. Nous avons signé les documents de séparation. Je ne pouvais pas comprendre comment Dieu pouvait me dire qu'Il allait restaurer mon mariage alors que tout ce qui arrivait allait dans le sens contraire.

Rendu à ce point, mon mari ne voulait même plus me voir. Même si j'étais certaine que notre mariage n'était pas fini, je sentais que mes prières ne suffisaient pas pour obtenir cette grâce. Trois mois après que j'ai eu quitté la maison, je suis allée dans une librairie et j'ai acheté le livre du ***Chapelet de libération*** et j'ai été émerveillée des témoignages; cela me donna plus de force pour prier et demander que Jésus me libère vraiment de la séparation et qu'Il sauve et guérisse mon mariage. J'ai demandé à Jésus de me donner un miracle de Noël, de prendre mon mari par la main.

Un jour, alors que je priais, j'ai senti une différence: je me suis mise à pleurer et à supplier Jésus de me donner un signe quelconque qu'Il m'entendait. J'ai fini de réciter le **Chapelet de libération**, je me suis levée et j'ai entendu dans mon cœur le chant avec les paroles: "Personne ne t'aime comme Moi. Contemple la croix, c'est la preuve suprême que personne ne t'aime comme Moi." Sans vraiment le vouloir, je me suis mise à le chanter et, en pleurant, je suis tombée à genoux, remerciant et louant Dieu de m'avoir entendue. Une demi-heure plus tard, mon mari m'appelait pour me dire que, sans qu'il sache pourquoi, je lui manquais beaucoup, et qu'il voulait me revoir.

Nous avons commencé à nous fréquenter comme deux amoureux et, en moins de deux mois, nous avions repris la vie commune. Chose des plus intéressantes, le jour même où il avait décidé que nous allions restaurer notre mariage et que nous devrions dire à tout le monde que nous étions de nouveau réunis, l'Evangile de la messe que nous regardions à la télévision était ***Jean* 2,1-12**, les Noces de Cana! C'était une confirmation de mon miracle.

Gloire et louange à Toi, Seigneur!»

(Dulcilene/Sorocaba)

* * *

«J'espère que lorsque cette lettre vous arrivera, vous serez tous dans le Seigneur, en paix et remplis de joie.

Je suis une jeune femme de 19 ans, j'ai un fils de deux ans et sept mois prénommé Gabriel et j'habite chez mes parents. Mon père est âgé de 74 ans et il a déjà subi quatre accidents vasculaires cérébraux, mais, Dieu merci, il peut encore marcher. Ma mère a eu une paralysie infantile quand elle était petite, mais, avec la force de Dieu, elle a pu se marier et elle a eu mon frère et moi comme enfants. Elle prend soin de mon père, de mon frère et de mon fils.

Maintenant que je vous ai présenté ma famille, je vais vous raconter comment le **Chapelet de libération** a transformé ma vie, la vie de tout le monde, de mes amis, de mon petit ami, de mon travail, etc.

Avant que je connaisse le **Chapelet de libération**, j'étais une jeune personne rebelle. Je me fichais de mon fils, je ne comprenais aucunement les difficultés de mes parents, je ne m'entendais pas avec le père de mon fils, je détestais mon frère unique et je n'avais aucune chance dans mon choix d'amis. J'avais plusieurs ennemis et je commençais à perdre les quelques amis que j'avais, à cause de mon arrogance, et j'étais devenue un monstre humain. Ayant des difficultés de relations avec mon petit ami, un jour, je suis allée à sa maison en pleurant.

Je me suis assise sur les genoux de sa mère et je lui ai dit que j'avais le goût de mourir, que je n'aimais ni ma famille, ni mon petit ami, ni mon fils. Je voulais que tout le monde aussi meure. Elle était consternée devant toute cette haine dans mon cœur et elle m'a dit: "Il faut que tu changes, mais tu n'es pas seule. Dieu est avec toi, et moi aussi."

J'ai continué à insister que je voulais mourir. Alors, à partir de son cœur plein de Jésus et de Marie, elle me dit: "Je constate que tu ne connais pas le **Chapelet de libération**, parce que si tu le connaissais, ton cœur ne serait certainement pas plein de colère et de haine. Je vais te donner le livre du ***Chapelet de libération.***" Je lui ai dit que ma mère avait ce livre, mais que je n'avais jamais pris la peine de le regarder ou de le lire. Je déteste lire. Elle me dit: "Andréa, Jésus change notre vie. Par la prière du **Chapelet de libération**, Il transformera aussi la tienne."

Après cela, je suis retournée chez moi pleine de curiosité. J'ai demandé à ma mère où était le petit livre qu'elle aimait lire et prier. Elle était surprise, mais elle n'a rien dit. J'ai commencé à lire et j'étais émerveillée de toutes les personnes de par le Brésil qui écrivaient pour donner leur témoignage à vous, de ***Raboni Editora.*** Plus tard, j'ai été frappée de la grandeur de leur foi ainsi que de tous les changements que Jésus opérait dans la vie de toutes ces personnes par la prière du **Chapelet de libération.** Si Jésus transformait la vie de tant de personnes, Il pouvait aussi transformer la mienne. J'ai alors commencé à prier. Et, chaque jour, j'ai commencé à ressentir une grande paix dans mon cœur.

Et ce n'est pas tout, non. Jésus ne se contentait pas de cela, Il voulait transformer ma vie encore plus. J'ai continué à réciter le **Chapelet de libération** et les bénédictions ont continué de pleuvoir sur ma vie. J'ai commencé à voir et à comprendre combien mes parents étaient importants et précieux pour moi. J'aimais déjà mon fils, mais j'ai commencé à l'aimer de plus en plus.

J'ai enlevé de mon cœur toute la haine que j'avais pour mon frère et je prie aujourd'hui pour que nous puissions nous remettre à nous parler. J'ai arrêté de fréquenter de mauvais compagnons et j'ai retrouvé plusieurs de mes amitiés anciennes. J'ai commencé à prier pour le père de mon fils et, Dieu en soit remercié, il a rencontré une amie et les choses vont bien. Et, ce qui compte le plus, ma relation avec mon petit ami est en harmonie avec Jésus et Marie et la prière du **Chapelet de libération.**

J'ai trouvé un emploi qui n'a pas fait l'affaire à cause de mes problèmes de santé et je suis maintenant sans travail encore une fois. Mais je suis confiante que Jésus va m'en préparer un autre très bientôt. Tout cela est le résultat du

Chapelet de libération qui m'a transformée, et, je crois bien, tous les gens avec qui je vis. Je remercie Jésus, Marie et la prière du **Chapelet de libération.** N'oubliez pas que tout peut aller mal dans le monde, mais quand nous connaissons et sentons que Jésus et Marie sont près de notre cœur, rien ne peut nous faire de mal et toutes les puissances seront transformées par la puissance de la foi et de la prière.

Loués soient notre Seigneur Jésus-Christ et notre Très Sainte Mère Marie! Je suis fidèle à prier chaque jour le **Chapelet de libération.**»

(Andréa/Londrina)

* * *

«J'espère que vous serez en bonne santé quand cette lettre arrivera entre vos mains. Je vous écris avec beaucoup de joie pour apporter mon témoignage. Après avoir connu le **Chapelet de libération**, j'ai été délivrée de tout ce qui ne plaisait pas au Seigneur. Je vivais dans le péché, commettant l'adultère, courant les danses, vivant loin des choses de Dieu. C'est alors que j'ai fait la connaissance du **Chapelet de libération**.

Il y a longtemps que je suis séparée de mon mari et que je suis allée vivre avec un autre homme. C'est un veuf. Je suis devenue très attristée de devoir assister à la messe sans pouvoir y recevoir la communion. J'ai commencé à faire la neuvaine du **Chapelet de libération**, demandant à Jésus de me libérer de tout ce qui ne plaisait pas à Dieu.

J'ai commencé à prier cette neuvaine avec beaucoup de foi, demandant: "Seigneur délivre-moi du péché, parce que je veux Te recevoir dans l'Eucharistie." Jésus m'a entendu. Je vis maintenant avec ma fille célibataire. Seulement nous deux. Je suis très heureuse de servir le Seigneur. Je vais au groupe de réflexion et au groupe de prière. Regis, j'ai commencé à verser la dîme de 10 % à l'Eglise. J'ai commencé à être fidèle au Seigneur.

Ma vie a changé et Dieu fait pleuvoir des bénédictions sur ma vie. Je dépensais beaucoup à la pharmacie et maintenant j'y dépense très peu et je ne manque de rien, Dieu merci. Jésus me bénit chaque jour de ma vie, car je suis maintenant une femme convertie par lui. Je sers seulement le Seigneur. Il est le Seigneur de ma vie. Il est le trésor que je porte en mon cœur.

Gloire à toi, Seigneur! Merci beaucoup, Jésus, pour tant de grâces! Regis, cela fait deux ans que je récite quatre **Chapelets de libération** par jour, à genoux. Avant de prier, je demande à l'Esprit Saint de m'éclairer. Acceptez de la part de votre auditrice une chaleureuse accolade.»

(***/Joinville)

* * *

«Il y a un an, ma vie était une mer d'amertume. Tout allait mal et rien n'allait bien. C'était un grand trou noir. Dans mon mariage aussi, rien n'allait bien. Je ne savais pas ce que c'était que le bonheur. Chaque journée nouvelle apportait divers malheurs: larmes, tristesse, maladie, douleur, pauvreté, tout allait mal. Je priais, j'invoquais tous les saints et saintes, j'allumais des cierges, et rien ne s'arrangeait. Chaque journée empirait et les vices dans ma famille m'apportaient du malheur. Je ne trouvais pas de repos et j'avais très peur la nuit.

Dans mon découragement, je suis un jour allée voir une personne versée dans l'occultisme, croyant que cela solutionnerait mes problèmes, mais cela empira. Elle me raconta des choses horrifiantes et je voulais disparaître de la face de la terre. Je pleurais beaucoup et je devins déprimée parce que j'aimais beaucoup ma famille, mais cette dernière était dévastée. A la maison, il fallait toujours que quelqu'un me fasse la conversation, parce que je n'aimais pas être seule. Je disais que Dieu n'existait pas, je demandais qui était donc Jésus et pourquoi je souffrais ainsi.

Je ne savais pas ce que c'était de pardonner. Regarde, Maïsa, j'ai cherché Dieu et je l'ai mis au défi. Je lui ai demandé de m'éclairer alors que j'étais déjà désabusée de tout et que je n'en pouvais plus. C'est alors qu'un jour j'ai entendu quelqu'un dire à la télévision: "Si vous souffrez, posez votre main là où ça fait mal." J'ai douté et je suis sortie de la pièce en disant: "Si c'est vrai, guérissez mon estomac!" Mais cette semaine-là, une idée me revenait sans cesse à l'esprit: "Cherche le **Chapelet de libération**."

Je ne savais rien, j'ignorais ce que c'était. Ce dimanche-là, je suis restée devant le téléviseur à partir de 5 heures et c'est alors que la lumière que je cherchais et que je demandais a commencé à luire dans ma vie. Tout a commencé à arriver, mais je n'étais pas capable de saisir ce qui m'arrivait. Je voulais, je voulais vraiment croire que je pourrais retrouver la vie que j'avais perdue, il y a longtemps. Un jour, je suis allée acheter le livre du ***Chapelet de libération*** à cause du grand espoir que j'avais d'être libérée de la situation dans laquelle je vivais. Maïsa, j'ai commencé à prier et à me placer devant Jésus et Marie et je disais à Dieu: "Je mets ma confiance en Toi. Viens et sauve-moi pour de bon."

J'ai commencé à pardonner des choses qui pour moi étaient impossibles à pardonner: les paroles que mon mari m'avait dites, les blasphèmes envers Dieu... Je croyais que Dieu ne m'aimait pas à cause de toutes les choses terribles qu'il y avait dans ma vie. Mais Jésus est parmi nous, vivant et ressuscité.

La lumière du ciel brille chaque jour, au bon moment et à temps. J'endosse tout... si j'ai tellement souffert, c'est parce que je le méritais, mais seul Dieu sait ce qu'Il dit, nous ne savons pas ce que nous disons. Jésus est tout pour moi. Il est mon Médecin de vie.

Comment remercier Dieu pour les merveilles si nombreuses que Jésus a accomplies en moi: la guérison, la délivrance, la force qui nous vient, la joie si grande de vivre dans la Présence de Jésus? A chaque jour qui naît, je rends gloire à Dieu et je loue le Seigneur Jésus pour ma famille. Vois, Maïsa, la libération de la vie n'est que la première des guérisons que Jésus a accomplies en moi, mais je vais témoigner de chacune d'elles.

Merci, Jésus! Gloire à Toi, Seigneur! Je Te célèbre!»

(Sonia Conceição/Guaxupé)

* * *

«J'écris pour faire connaître un grand miracle que Jésus a opéré dans ma vie. En 1996, mon mari a perdu son emploi. Mon rêve était d'acheter un café avec son indemnité de fin d'emploi. Nous avons acheté le café et nous avons commencé à explorer l'idée de construire une maison afin de ne plus payer de loyer. Au tout début, l'entreprise allait très bien, mais la jalousie est venue s'insinuer, au point où mon rêve est devenu mon cauchemar. Les affaires ont ralenti, les clients ont disparu et j'ai commencé à me débattre. J'ai essayé d'obtenir de l'aide et rien n'a réussi. Chaque journée nouvelle était pire que la précédente. Nous avons perdu tout notre capital, nous nous sommes endettés, nous avons perdu notre crédit et nous étions rendus au bout de nos moyens.

Notre vie est devenue un enfer! Nos ressources se sont épuisées, rien n'allait plus et il n'y avait rien que nous puissions faire. Je tombais en dépression. Nous avons dû fermer le café et nous n'avions plus les moyens de payer le loyer, l'eau, l'électricité. Tout s'accumulait. Je restais enfermée à la maison, traumatisée; les agents de recouvrement frappaient à ma porte. Je refusais systématiquement d'ouvrir la porte, je ne mangeais plus, je ne dormais plus et la maison sentait la moisissure à force d'être fermée.

Nos amis ont disparu et nous avons subi maintes humiliations. Mais, malgré toutes ces souffrances, je n'ai jamais perdu la foi en Dieu, même pas un seul instant. Le 29 juin, je suis sortie à la recherche d'une solution, mais cela ne servait à rien. A mon retour à la maison, une grande tristesse a envahi ma poitrine: chaque pas que je faisais semblait ne pas atteindre le sol sous mes pieds. Je ne pouvais plus endurer la douleur et, ne sachant plus que faire, j'ai tourné les yeux vers le ciel et j'ai crié: "Pourquoi, mon

Père?" A ce moment, Jésus est apparu pour me guérir, me sauver et me libérer. Alors que je passais devant la maison de ma voisine Ana, je me suis sentie poussée à aller lui parler. J'ai frappé à sa porte, son mari m'a invitée à entrer et il m'a dit qu'elle était à l'arrière de la maison.

Je suis entrée en l'appelant, mais il n'y avait pas de réponse. Je suis arrivée à la porte de la cuisine et je l'ai appelée. Elle s'est retournée et m'a saluée joyeusement. Quand j'ai aperçu ses mains, j'ai compris pourquoi elle ne m'avait pas entendue. Elle était en train de réciter le Chapelet et Jésus voulait que je m'en rende compte.

Sur le moment, j'étais confuse de l'avoir interrompue, mais elle m'a demandé de m'asseoir pour faire la conversation. Je lui ai plus au moins raconté mes difficultés. Elle m'a demandé si je connaissais le **Chapelet de libération**. Je lui ai répondu que j'en avais déjà entendu parler et elle a alors sorti le petit livre du ***Chapelet de libération***.

La première fois que j'ai touché au livre du ***Chapelet de libération***, Jésus a touché mon cœur. J'ai lu les quatre premiers témoignages et cela a suffi à me fortifier l'esprit et l'âme. Ana me montra comment dire le Chapelet. Je suis partie allégée et avec une grande foi que Jésus, par le **Chapelet de libération**, allait me guérir, me sauver et me libérer. Quand je suis arrivée à la maison, mon mari regardait la télévision, tout abattu, et il m'a demandé si les choses s'étaient bien arrangées. J'ai répondu que non, mais que j'avais trouvé la solution à nos problèmes. Et je lui ai raconté ce qui m'était arrivé.

Ce soir-là, je me suis couchée et j'ai récité mon premier **Chapelet de libération**. Je me sentais bien, tellement bien, que j'en ai dit un deuxième, puis un troisième et je me suis ensuite endormie. J'ai sommeillé dans une paix très profonde et, quand je me suis réveillée, il faisait déjà jour. Il y avait plus d'un an que je n'avais pas si bien dormi.

Voyez combien puissant est le **Chapelet de libération**: il est d'une puissance si grande qu'il m'a apporté une paix telle que les mots ne peuvent l'exprimer. A partir de ce moment, les choses se sont mises à aller mieux, et je disais plusieurs Chapelets au cours de la journée. Par la suite, j'ai acheté le petit livre du ***Chapelet de libération***, et chaque témoignage que je lisais fortifiait ma foi, mon espérance et, surtout, mon amour pour Jésus.

Les choses ont donc commencé à aller mieux. Jésus m'a guéri de ma dépression. Je suis revenue à ma vie normale, m'occupant de la maison, de mon mari et de mes obligations. Plus tard, nous avons vendu le café, payé le loyer, et les choses ont commencé à s'arranger. Mon frère et son fils qui vivaient déjà à Itatiba ont loué un appartement et nous y sommes allés.

Le 22 août, nous avons été vraiment délivrés. Jésus nous a guéris, sauvés et libérés de toute souffrance. Je loue et je bénis la Très Sainte Trinité, Dieu le Père, Dieu le Fils et Dieu le Saint-Esprit, ainsi que la Vierge Marie, pour toutes les grâces que j'ai déjà reçues par la prière du **Chapelet de libération**.

Béni soit le Nom de Jésus!»

(Lenir/Itatiba)

* * *

«Chers frères dans le Christ,

C'est avec beaucoup de joie que je veux apporter le témoignage d'une guérison obtenue grâce au **Chapelet de libération**. J'avais à mon sein gauche des bosses énormes et douloureuses, à la suite de deux blessures que j'avais subies. Cela avait eu lieu il y a dix ans et je souffrais de ces terribles protubérances depuis ce temps-là.

Parfois je ne pouvais presque rien faire tellement elles me faisaient mal. J'avais peur d'aller voir un médecin parce qu'il était presque certain qu'une intervention s'imposait dans mon cas. Je vivais donc dans une grande détresse et une grande contrariété. Le 29 novembre 1998, j'étais seule à la maison et j'ai ouvert le téléviseur au moment où l'émission ***Raboni e vocé*** débutait.

J'ai commencé à écouter attentivement tout ce que vous disiez. Quand Regis a demandé de poser la main là où cela faisait mal, j'ai placé la mienne et j'ai récité la prière du **Chapelet de libération** avec vous tous, Regis et Maïsa. J'ai commencé à glisser dans le sommeil comme si on m'anesthésiait, ressentant que quelque chose était enlevé de moi. Jésus m'opérait, Jésus enlevait les bosses de mes seins. Soudain, je repris mes esprits, je passai la main sur mon sein et les bosses n'y étaient plus! J'étais complètement guérie! J'étais si émue que je me suis mise à pleurer, beaucoup, beaucoup. Jésus m'avait guérie! J'avais été libérée! Merci, Jésus!

En avril 1999, j'ai eu un examen par mammographie et — loué soit le Seigneur Jésus-Christ! — on ne trouva rien.

Je suis guérie! Loué soit notre Seigneur Jésus-Christ! Gloire soit au Seigneur Jésus!»

(Maria do Socorro/Araioses)

* * *

«Je veux témoigner de la grâce merveilleuse que Dieu m'a accordée par la prière du **Chapelet de libération**. Ma mère récitait le **Chapelet de libération** chaque jour pour ma santé. Il y a cinq ans j'ai été très malade et j'ai dû passer trois mois à l'hôpital. J'ai reçu par deux fois une transfusion sanguine. Après un an, le médecin a demandé un test pour le HIV accompagné d'autres examens et le résultat était positif. Cependant, je subis aujourd'hui un examen de contrôle tous les trois mois et le résultat est toujours négatif! Je loue et je bénis Jésus pour cette guérison merveilleuse qu'Il a opérée dans ma vie.

Que Jésus soit loué à tout jamais!»

(Jacqueline/Communauté Santa Rita de Cássia)

* * *

«C'est avec un cœur plein de gratitude envers notre Seigneur Jésus-Christ et la Très Sainte Vierge Marie que je présente ici un compte rendu de la merveille que le **Chapelet de libération** a opérée dans ma vie. Avant même de le connaître, j'avais déjà l'habitude de prier chaque jour, parce que la communion à Dieu me donnait toujours la force qu'il fallait pour faire face aux difficultés de la vie de tous les jours.

Toutefois, il ne m'arrivait jamais rien d'exceptionnel, jusqu'au jour béni où ma fille m'a parlé au sujet du livre du *Chapelet de libération* et m'en a donné un exemplaire. J'ai trouvé les comptes-rendus du livre très émouvants et j'ai commencé à prier à chaque jour le **Chapelet de libération** pour ma famille et aussi à mes propres intentions.

Le résultat s'est fait sentir tout de suite. J'avais sous l'œil droit une protubérance de la grosseur d'un grain de maïs qui m'incommodait grandement parce qu'elle faisait mal, saignait, et grossissait à une vitesse alarmante. Tout de suite après avoir commencé à dire le **Chapelet de libération**, le troisième jour, je me suis endormie avec cette bosse très enflée et je me suis réveillée le lendemain sans elle et sans aucune marque, ce qui a émerveillé toute ma famille. C'est vraiment un miracle de Jésus opéré par le **Chapelet de libération**. J'ai aussi obtenu d'autres grâces.

Loué soit notre Seigneur Jésus-Christ!»

(Zilda/Fortaleza)

* * *

«J'appartiens à la communauté Santa Rita de Cássia, à Itapetininga, São Paulo. Dans ma communauté, il y a divers mouvements, bien que la communauté soit simple, humble et sise dans un quartier pauvre où il y a des affrontements de gangs et des problèmes de drogue.

Le groupe des jeunes qui avait été fondé dans cette communauté a commencé à grandir, mais soudain, à cause de la mauvaise influence du milieu, plusieurs jeunes ont quitté le groupe qui s'est retrouvé réduit à quatre personnes.

Les dirigeants en prière ont alors décidé de réciter le **Chapelet de libération** au début des réunions, demandant à Jésus de ramener les jeunes au sein du groupe. Nos cœurs ont commencé à ressentir l'assurance du salut et Dieu nous a envoyé sa Parole, qui n'insistait pas sur le nombre de personnes mais sur la Force qui descend du ciel.

Et le groupe s'est mis à croître et il y a eu des conversions. Nous avions l'habitude de prier au début de l'assemblée et nous sentions la Force que Jésus transmettait par des libérations. Nous avons constaté que des jeunes avec des difficultés dans leur famille, avec des problèmes de drogue ou de boisson revenaient à Dieu. Il y en avait même qui n'avaient pas reçu les premiers sacrements.

Nous avons alors commencé les cours préparatoires au baptême, à l'Eucharistie et à la confirmation. Le groupe pour le baptême était très important, Dieu merci! Nous avons vu dans le groupe la Puissance de Jésus Libérateur. Au début de la réunion, quand nous commençons à réciter le **Chapelet de libération**, la grâce de Dieu tombe comme la pluie. Certains reposent dans l'Esprit, d'autres sont libérés, comme ils en témoignent.

Loué soit Jésus!»

(Eliza/Itapetininga)

* * *

«J'écris en reconnaissance de deux grâces reçues de Jésus. Il y a trente et un ans, j'ai donné naissance à un enfant. Dès sa naissance, je l'ai donné à une autre famille et je ne l'ai plus jamais revu… Je ne savais même pas si mon fils était encore en vie. Après avoir commencé à réciter le **Chapelet de libération** et à demander cette grâce avec une grande foi, j'ai retrouvé mon fils, à la gloire de Dieu!

J'avais un autre fils qui habitait São Paulo et qui ne pensait pas à revenir à la maison. Au moment du **Chapelet de libération**, au cours de l'émission ***Raboni e vocé***, j'ai commencé à prier de tout mon cœur pour que mon fils revienne. Et, par la grâce du Seigneur, mon fils est revenu à la maison.

Rendons grâce à Dieu! Alléluia!»

(Marinalva/Alagoas)

* * *

«Chers frères dans le Christ,

Par le témoignage de la foi, je désire raconter comment ma libération a eu lieu. J'ai perdu mon père subitement dans un accident, il y a un peu plus de quinze ans. Je n'avais jamais été dans le besoin, et, Jésus et Marie en soient remerciés, cela continua ainsi, mais mes ressources ont commencé à fondre. J'ai ouvert une école de langues en 1994 et, en janvier 1998, j'étais fortement endettée et j'avais de graves difficultés familiales. Je suis allée à la mer pour me changer les idées.

Un jour, j'ai reçu un appel de mon beau-frère m'annonçant que la banque refusait d'encaisser mon chèque pour le loyer de l'école et que le propriétaire avait besoin de cet argent. Ma famille est très traditionaliste. C'est alors, étant accablée de difficultés, que j'ai décidé de me suicider dans l'océan.

Je suis sortie de l'appartement et je suis partie, mais j'ai décidé d'écrire une lettre à mon mari, à ma fille et à ma mère (parce que je les aimais) et j'ai alors retrouvé dans le sac à main de ma mère — c'est une personne très dévote — le livre du ***Chapelet de libération***. J'ai commencé à pleurer et à prier avec beaucoup de foi.

Il me fallait dix mille réis brésiliens et j'avais deux terrains à vendre. J'ai donné l'ordre de les vendre au plus tôt pour cette somme. En moins de trois jours, les lots se sont vendus pour dix mille réis comptant.

Quand j'ai reçu l'argent, je me suis souvenue du **Chapelet de libération**, parce que c'est grâce à ce moyen que j'ai été atteinte par la grâce du Seigneur.

Loué soit le Nom puissant de Jésus!»

(***/Auriflama)

* * *

«Avec une grande joie, j'écris cette lettre afin de vous donner mon témoignage au sujet de la grâce que j'ai obtenue par la prière du **Chapelet de libération**. Je souffrais depuis huit ans de dépression postnatale. Je vivais sous l'influence d'antidépressifs puissants. Je ne pouvais arrêter de les prendre, même une seule journée, sans devenir déprimée et sujette à une forte crise.

L'an dernier, à la Saint-Sylvestre, en fin d'après-midi, je me suis rappelée que je n'avais plus de médicaments et que j'avais oublié d'obtenir une prescription. Je suis allée à la pharmacie où j'achetais habituellement mes médicaments et je leur ai dit que j'apporterais la prescription plus tard, mais ils n'avaient plus ce médicament. Je suis revenue à la maison.

Comme c'était la fin de semaine, j'ai passé quatre jours sans prendre de médicament. Le lundi, je suis allée chez le médecin chercher la prescription. J'ai acheté le médicament et je l'ai emporté à la maison, mais j'ai oublié de le prendre. Quand j'y ai pensé, je me suis dit: "Cela fait cinq jours que je n'ai pas pris mon médicament et je ne sens rien. Je vais m'en abstenir encore aujourd'hui."

Un jour, j'étais à la Légion de Marie et une pensée m'est venue: cela fait quatre mois que je n'ai pas pris mon médicament... et j'ai demandé à Dieu à l'intérieur de moi-même à quel moment de prière le Seigneur m'avait exaucé. Je voulais savoir lequel. Dieu a alors mis dans mon cœur: "Te souviens-tu quand tu as dit le **Chapelet de libération**?" Et je me suis souvenue. Mais, par la suite, j'ai pensé que tout cela était dans ma tête et j'ai tout oublié.

Quelques mois plus tard, je participais à un séminaire de la vie dans l'Esprit. Quand des personnes ont prié sur moi, un des jeunes hommes a dit: "Dieu met dans mon cœur qu'Il a grand besoin de ton témoignage." Je me suis alors rappelée ce que Dieu avait mis dans mon cœur, et, après ce jour, je me suis appropriée la grâce de guérison de ma dépression au moyen de la prière du **Chapelet de libération**.

Voilà pourquoi je présente mon témoignage. Ce n'est que maintenant que je sais comment dire que le Seigneur m'a libérée et qu'Il m'a laissée vraiment libre.

Merci, Seigneur!»

(Maria de Fátima/Carmo)

* * *

«Je loue et je remercie Dieu pour les merveilles qu'Il a accomplies dans ma vie par la prière du **Chapelet de libération**. En août 1998, je suis devenue découragée et j'ai presque fermé mon magasin de photographie. Je devais 12000 réis en factures d'électricité. J'ai donc vendu ma voiture pour payer la moitié du solde.

Pour ajouter à mon découragement, j'ai dû passer huit jours sans matériel pour faire mon travail, car je devais aussi de l'argent à mes fournisseurs. J'avais peur d'aller au magasin, car je ne savais pas ce que je dirais aux agents de recouvrement. J'ai demandé à Notre-Dame de l'Immaculée Conception de m'éclairer. C'est alors que je me suis souvenue du **Chapelet de libération**. Je l'ai récité pendant trois jours d'affilée, en pleurant et en criant au Seigneur Jésus de me guérir, de me sauver et de me libérer de mon affliction. A l'honneur et à la gloire du Nom du Seigneur Jésus-Christ et par l'intercession de la Vierge Marie, Il m'a guérie, sauvée et libérée. C'est arrivé à la fin du mois d'août. Dieu est merveilleux!

J'ai respiré profondément, j'ai demandé la force, j'ai appelé mon fournisseur et je lui ai expliqué ma situation. A l'honneur et à la gloire du Seigneur, malgré ma dette, il a eu confiance en moi et il m'a fait parvenir le matériel nécessaire. En treize jours de travail, j'ai payé ce que je lui devais, j'ai acheté encore pour 17000 réis de marchandise et j'ai payé le solde du compte d'électricité. Il entrait 20 rouleaux de films par jour dans le magasin; le 8 septembre, 400 rouleaux de films sont arrivés pour être développés!

Gloire et louange Te soient rendues, Seigneur Jésus, de tout mon cœur! Merci, Seigneur Jésus!»

(Maria do Socorro/Santarém)

* * *

«J'écris cette lettre pour apporter un grand témoignage de ce qui est arrivé dans ma famille, il n'y a pas très longtemps. Ma petite sœur souffre d'asthme depuis qu'elle est petite et elle vit pratiquement chez le médecin. Elle prenait les divers médicaments prescrits par les médecins et recommandés par d'autres personnes. Mais il semblait que rien ne donnait de résultats. Les crises d'asthme ont commencé à arriver plus souvent. Ma mère ne savait pas ce qu'elle pouvait faire de plus. Comme je suis très dévote, j'ai toujours su que le Seul qui pouvait la guérir était Jésus.

Comme je me préparais à partir pour la messe, le pire est arrivé. Ma sœur a commencé à être malade et elle a perdu le souffle. Nous l'avons conduite à l'hôpital, et quand nous sommes arrivés, ils lui ont immédiatement donné de l'oxygène, mais en vain. Son état empirait. Les médecins ont constaté son état et l'ont fait hospitaliser. Ma sœur était en train de mourir.

Elle avait la peau violette et ne respirait plus. Les médecins ont déclaré qu'il n'y avait plus rien à faire. Elle était déjà morte. Nous étions au désespoir et je me suis souvenue du **Chapelet de libération**. Ma mère et moi, ainsi qu'une autre dame qui, voyant notre souffrance, avait décidé de nous accompagner dans la prière, avons prié avec beaucoup de foi. Et nous avons demandé à Jésus de la guérir et d'avoir pitié d'elle, car nous étions assurées que Jésus nous entendrait. Après quelques heures, un miracle arriva!

Ma sœur s'est assise dans le lit, a enlevé les branchements auxquels elle était reliée et elle a dit d'une voix forte: "Jésus m'a guérie!" Les autres patients dans la salle étaient tout étonnés, et Jésus nous a démontré qu'Il avait la puissance de réveiller les morts. Comme Jésus le dit dans sa Parole: *"Rien n'est impossible pour Moi! Tout est possible à celui qui croit!"* Je n'ai jamais douté de l'Amour de Dieu et je veux remercier Jésus pour tout ce qu'il a fait pour ma sœur et ma famille.

Merci, Jésus! Je veux dire aux gens que tout peut être changé par la puissance de la prière. Jésus peut vous accorder tout ce que vous désirez sans rien demander en retour, car Il nous aime et Il est notre seul Ami véritable.»

(Dinalda/Macapo)

* * *

«Avec une grande paix dans mon cœur, je livre mon témoignage en l'honneur et à la gloire de notre Dieu, qui accomplit des miracles dans la vie de ceux et celles qui se fient en Lui. J'avais eu une intervention chirurgicale pour enlever deux nodules à la glande thyroïde. Ils ont ôté 90 % de la glande, et, après une biopsie, ils ont constaté une tumeur maligne.

Je suis devenue complètement abattue, mais j'avais une grande confiance en la puissance de Dieu. Ma famille et moi avons récité le **Chapelet de libération** trente jours, pendant que j'attendais de nouveaux examens. Pour ma part, j'allais à chaque jour à l'église et, agenouillée devant le tabernacle, je récitais le **Chapelet de libération**, demandant à Jésus de me guérir au moyen de cette puissante prière.

Le jour est arrivé. Au cours de chacun des examens que je subissais, je demandais: "Jésus, aie pitié de moi! Jésus, sauve-moi! Jésus, libère-moi!" Et je priais avec insistance et avec beaucoup de foi. D'après les résultats, les médecins ont observé que la glande était presque toute là, car la grandeur normale est de 14 cm et la mienne était de 13,5 cm; cela signifiait qu'il serait nécessaire d'opérer une autre fois et d'enlever toute la glande. J'ai apporté les résultats au chirurgien et il semblait confus, car il avait enlevé presque toute la glande. Une nouvelle intervention a été fixée pour la semaine suivante, et j'ai demandé à ma fille de réciter le **Chapelet de libération** pendant l'intervention. Quand le médecin a pratiqué l'incision, il a trouvé seulement un petit morceau de la glande et tout était parfaitement en ordre.

La matière a été envoyée pour une biopsie. Quand je suis revenue faire enlever les points de suture, le médecin m'a saluée tout joyeusement en disant: "Vous allez très bien! En fin de compte… quelle chirurgie a été efficace: celle que j'ai pratiquée, ou la spirituelle?" Je ne comprenais pas et j'ai répondu: "Docteur, je prie beaucoup." Et il m'a répondu: "J'en suis sûr. Et Dieu a entendu vos prières." J'ai ouvert l'enveloppe et j'ai lu les résultats de l'examen: "La matière envoyée pour analyse ne démontre aucun symptôme de malignité."

Avec une grande joie au cœur, j'ai glorifié le Seigneur. Aujourd'hui, je continue d'aller à l'église pour remercier Jésus de ma guérison.

Que le Seigneur soit glorifié et loué!»

(Carmen/São José do Rio Preto)

* * *

«Dans cette lettre, je veux vous parler d'un grand miracle et je veux en remercier Dieu le Père et Jésus. Tout débuta le dimanche 31 octobre 1999. Ce matin-là, je me suis éveillée en sursaut à cause d'un bruit. Quand je suis arrivée dans la cuisine, j'ai vu mon mari qui essayait de se relever du plancher avec l'aide de mon fils. J'ai demandé ce qui était arrivé, mais mon mari ne pouvait pas parler. Il a alors eu une convulsion. Nous l'avons conduit chez le médecin, et après divers examens, on a confirmé qu'il avait une tumeur au cerveau et qu'une opération serait nécessaire.

Après ce jour, ma vie a consisté en larmes incessantes. Je passais mes nuits éveillée, même quand je prenais un calmant. Une connaissance m'envoya le livre du ***Chapelet de libération***. Je ne connaissais pas ce Chapelet, car nous ne captions pas la chaîne ***Rede Vida***. Le premier jour où j'ai récité ce Chapelet, j'étais émue, car je sentais la puissance de ce Chapelet miraculeux. Mon premier miracle arriva quand je commençais à me sentir plus calme et à dormir mes nuits entières.

Le 12 décembre, un jour avant l'opération, ma belle-sœur est venue et nous avons récité le **Chapelet de libération**. Le 13 décembre, mon mari est entré au centre chirurgical. J'ai pu le voir et j'ai apporté le petit livre afin que nous puissions prier ensemble.

Dans la salle d'attente, je me suis agenouillée et j'ai récité le **Chapelet de libération** avec ma belle-sœur. Quand le médecin est sorti, il a dit que l'opération s'était bien passée et que mon mari se portait bien, mais qu'il y avait un petit problème: il n'avait pas trouvé de tumeur et il n'avait aucune explication à cela.

Mais moi j'en avais une: MIRACLE! J'ai pris du temps avant d'écrire pour témoigner parce que j'attendais encore un examen par résonance magnétique que le médecin avait demandé pour confirmation.

Louange, honneur et gloire à Jésus!»

(Rosimeire/Araraquara)

* * *

«Au moyen de cette lettre, je viens donner mon témoignage au sujet d'une grâce obtenue. Et c'est avec une grande joie que je vous la rapporte en ces quelques lignes.

Depuis l'âge de six mois je souffrais de bronchite asthmatique et un petit changement météorologique suffisait à me rendre malade. J'ai aujourd'hui 69 ans et, jusqu'à l'âge de 68 ans, je continuais de souffrir de la bronchite avec des gros maux de tête et le souffle court.

Je passais des nuits sans dormir et, afin de pouvoir sommeiller un peu, je devais faire une montagne d'oreillers. Je suis allée voir plusieurs médecins, j'ai pris beaucoup de médicaments et d'injections et j'ai perdu l'espoir de voir un jour mon état de santé s'améliorer. Il y a un an, j'ai acheté un exemplaire du ***Chapelet de libération*** et j'ai commencé à dire les prières quotidiennement et à suivre l'émission ***Raboni e vocé.*** Ma foi était telle que je viens apporter le témoignage de ma guérison. Je ne ressens plus rien maintenant.

Je n'ai plus de maux de tête ou de souffle court et je suis une personne transformée. Je suis certaine que c'est grâce à la prière du **Chapelet de libération** et à ma foi. J'ai déjà donné plusieurs livres à des personnes dont je connais le besoin; et je voudrais sincèrement qu'elles le lisent avec la même confiance et la même volonté ferme de prier que j'avais moi.

Je voudrais que mon témoignage soit connu afin que le monde entier puisse être au courant et surtout les personnes qui ont besoin d'être libérées de leurs difficultés, douleurs, angoisses et de tout ce qui est mauvais pour le corps, pour le cœur et surtout pour l'âme.

Vous savez, mes frères, que Jésus seul guérit. Louez Dieu, récitez le **Chapelet de libération** et vous obtiendrez la grâce.

Après avoir acheté le livre, ma volonté et ma confiance sont devenues si grandes que j'ai appris à lire avec Dieu.»

(Maria/Araguari)

* * *

«C'est avec une grande joie que j'écris afin de donner mon témoignage. Je suis médecin et je souffrais d'une fracture à la colonne vertébrale qui nécessitait un traitement chirurgical, ce qui me laissait très inquiet. Par des amis, j'ai entendu parler du groupe de prière ***Raboni*** qui se réunit à l'église Rosário, de Campinas, São Paulo. Le premier jour que j'y suis allé (avant l'intervention chirurgicale), on me donna un exemplaire du livre du *Chapelet de libération*, et j'ai commencé à prier le Chapelet chaque jour, demandant que l'opération soit un succès. J'ai été opéré et l'intervention a eu lieu sans contretemps. Cependant, après examen de la partie sur laquelle on avait opéré, on constata une tumeur. Je continuais de réciter le **Chapelet de libération**, demandant à Jésus de guider les médecins compétents, afin qu'ils puissent s'orienter vers un traitement adéquat pour traiter cette tumeur.

Ils ont proposé un traitement qui comprenait la chimiothérapie et un transplant médullaire. J'ai commencé le traitement avec beaucoup de foi, récitant toujours le **Chapelet de libération**, demandant que le traitement se fasse sans aucun obstacle et qu'à la fin je sois complètement guéri. Encore une fois, j'ai obtenu la grâce que je demandais: la chimiothérapie et le transplant médullaire ont eu lieu sans complication aucune et aujourd'hui je suis guéri grâce à la prière du **Chapelet de libération**.

Je loue et je glorifie le Seigneur pour la grâce merveilleuse que j'ai reçue.»

(Mauro/Campinas)

* * *

«J'ai entendu parler du livre du *Chapelet de libération* et j'ai demandé à mon fils de me l'acheter. Lui et moi avons commencé à faire cette prière chaque soir.

Mon fils travaille dans l'industrie du sucre et de l'alcool. Et, à l'endroit où il travaille, ils se servent de la chaux, qui est un produit très dangereux. Le 11 mai 1998, il est allé aider un camion-benne à vider de la chaux dans un grand conteneur de trois mètres de hauteur. Le hayon arrière du camion a frappé mon fils et il est tombé dans le conteneur. Le conducteur n'a pas aperçu mon fils qui tombait et il a basculé la benne pour décharger la chaux. Dieu soit loué, la chaux n'est pas tombée! Il y a eu assez de temps pour que mon fils puisse sortir sain et sauf et, peu de temps après, la chaux est tombée. Nous avons compris que c'est la main de Dieu qui a retenu la chaux et l'a empêchée de tomber sur mon fils pour l'ensevelir. Cette chaux est comme de la soude caustique.

J'écris ce témoignage parce que c'est une grande grâce que mon fils a reçue par le **Chapelet de libération** et parce que Jésus seul nous sauve, Jésus seul nous guérit, Jésus seul nous libère! Merci, Jésus! Béni soit le Seigneur Jésus et notre Très Sainte Mère Marie!»

(Beatriz/Paraguaçu Paulista)

* * *

«Je suis une jeune fille de 15 ans qui vit à Garanhuns. Loué soit le Seigneur pour ma conversion, qui a eu lieu par le **Chapelet de libération**. Le 1er janvier, j'ai vécu des moments très difficiles dans ma vie. J'étais allée passer une fin de semaine à la mer avec ma famille et je me suis noyée à la plage Enseada dos Corais, à Recife. J'ai perdu connaissance et le courant m'entraînait vers le large. J'avais atteint les coraux et déjà je passais vers le grand large. Ils m'ont repêchée pratiquement morte, sans oxygène au cerveau, ni dans le sang et les poumons. J'ai passé quatre jours aux soins intensifs et les médecins m'ont laissée pour morte. Quand ma famille a appris cette nouvelle, ils se sont mis à genoux et ma grand-mère accompagnée de ma mère ont invoqué le Nom de Jésus par le **Chapelet de libération**. On avait dit que je deviendrais aveugle, que j'aurais un caillot de sang au cerveau et que j'aurais à prendre des médicaments pour contrôler d'éventuelles convulsions. J'ai quitté l'unité de soins intensifs bien consciente, en bonne santé et avec beaucoup de foi en Dieu.

J'ai reçu cette merveilleuse grâce de Jésus par la récitation du **Chapelet de libération**. J'ai commencé à faire connaître ce Chapelet à tous ceux et celles que je rencontre, afin que les gens puissent eux aussi recevoir diverses bénédictions et louer et bénir éternellement le Saint Nom de Jésus.

Je Te loue et je Te remercie, Seigneur Jésus, pour cette grâce! Que le Saint Nom de Jésus soit loué et béni!»

(Ana Karla/Garanhuns)

* * *

«J'ai obtenu une grâce par la prière du **Chapelet de libération**. Je prie toujours avec vous durant l'émission ***Raboni e vocé***. J'ai un fils qui avait disparu depuis trente ans et je ne savais pas s'il était mort ou vivant. Ensuite, après avoir regardé vos émissions, j'ai décidé de prier en demandant à Jésus de me donner des nouvelles de mon fils pour Noël. J'ai demandé avec beaucoup de confiance. La semaine du Nouvel An, il a appelé à la ville de Natal (RN), à la maison de mon autre fils. Après avoir parlé à son frère, il m'a appelée, promettant de venir me rendre visite en mars. C'est la plus grande grâce que j'aie jamais reçue de ma vie!

Que Dieu soit loué!»

(Luiza/Patos)

* * *

«Le 18 mai 1998, j'ai appris à connaître le **Chapelet de libération**, et il fait depuis lors partie de ma vie quotidienne. Mon fils travaille pour une compagnie et il avait dû apporter le salaire à la femme d'un des employés. Quand il est revenu à la maison, j'ai remarqué qu'il était abattu et très inquiet; il me regardait sans rien dire.

Quand il a enfin pu sortir de son mutisme, il m'a raconté ce qui était arrivé. La femme de son compagnon de travail était très malade, étant atteinte d'un cancer en phase terminale. Ses jours étaient comptés; il lui restait 33 jours à vivre. C'était alors le 5 juin. J'ai commencé à prier le **Chapelet de libération** à l'intention de cette dame que je ne connaissais pas; je savais seulement son nom et qu'ils avaient deux petites filles.

Pendant quinze jours, je n'ai rien fait d'autre que prier le **Chapelet de libération**. Quand je m'y attendais le moins, mon fils est arrivé avec la nouvelle que la femme de son ami avait subi de nouveaux examens et, à la surprise de tout le monde, elle s'était trouvée mieux d'une façon qui laissait les médecins tout étonnés. Sa récupération a été confirmée par d'autres examens.

Elle était guérie et elle a donc quitté l'hôpital. J'ai remercié Dieu pour ce miracle. Si je ne me suis pas agenouillée, c'est que je suis handicapée, ayant une jambe amputée. Je remercie le Seigneur pour tout ce qui est arrivé.

Merci, Seigneur Jésus, merci beaucoup! Que tous ceux et celles qui récitent le **Chapelet de libération** puissent aussi pouvoir apporter leur témoignage! Je remercie le Seigneur! Que son Nom soit béni à jamais!»

(Edilene/Macaé)

* * *

«Un ami de ma patronne et sa famille sont venus visiter la ferme dont je suis responsable. Le groupe comptait quatre adultes et un enfant de quatre ans. Après le dîner, ils ont laissé l'enfant aller se promener tout seul et, quand ils sont allés le chercher, ils ont été consternés de le trouver flottant dans la piscine! Ils ont demandé à ma femme s'il y avait un médecin tout près et elle leur demanda s'il était arrivé quelque chose. Quand elle a vu l'enfant, elle est devenue découragée.

Le petit garçon avait la peau violette, il était sans tonus et presque sans vie. Ils l'ont conduit aux Urgences et le médecin qui s'est occupé de lui a fait tout son possible, mais l'enfant ne réagissait pas, car il était dans un état très grave. Le médecin affirmait que l'enfant avait une lésion au cerveau et que seul un miracle pourrait le sauver.

L'enfant a été transféré à Sorocaba et, en route, son cœur a cessé de battre par trois fois. A l'hôpital de Sorocaba, le petit garçon a continué d'être mal en point et il ne réagissait pas.

Quand je suis arrivé à la ferme et que je ne voyais personne, je suis allé à la maison de mon voisin et il m'a raconté ce qui était arrivé. Je suis revenu à la maison et je commençais à me sentir mal et très angoissé parce que je ne savais pas comment l'enfant allait.

J'ai tout de même pris le livre du ***Chapelet de libération*** et, même si je ne savais pas le nom de l'enfant, j'ai commencé à prier avec beaucoup de confiance en Jésus: "Jésus, aie pitié de cet enfant! Jésus, guéris cet enfant! Jésus, sauve cet enfant! Jésus, libère cet enfant!» A 22 heures, le soir, ma femme est arrivée et m'a dit que le petit garçon était dans le même état. J'ai demandé quel était son nom et j'ai immédiatement récité le **Chapelet de libération** pour lui.

J'ai demandé à Jésus de guérir le cerveau de Douglas, parce que le médecin de Piedade avait dit que même s'il était sauvé, il ne serait pas normal. Le mardi, j'ai appris par une infirmière qui travaille à l'hôpital que l'enfant ne pouvait pas être sauvé. Elle était à l'hôpital le dimanche quand l'enfant était arrivé presque mort.

Le mercredi, cette infirmière de mes amies a appelé l'hôpital et les nouvelles ne pouvaient être meilleures: l'enfant allait bien et il était hors de danger. Quinze jours plus tard, j'ai appelé la propriétaire de la ferme à São Paulo et elle a dit que Douglas était en excellent état de santé, sans lésion aucune.

Que notre Seigneur Jésus-Christ en soit remercié!»

(Marió/Piedade)

* * *

«J'aimerais vraiment que mon témoignage soit publié parce qu'il raconte une très grande grâce que j'ai reçue de Jésus — ce Jésus qui nous aime, qui nous guérit, qui nous sauve et qui nous libère. Quand j'ai appris que la tumeur que les médecins avaient enlevée à la colonne vertébrale de mon fils était maligne, je suis restée découragée. Une de mes voisines m'a remis le livre du ***Chapelet de libération***. J'ai commencé à dire la prière du **Chapelet de libération** chaque jour, en demandant à Jésus de guérir mon fils.

Aujourd'hui, je suis la plus heureuse des mères: Jésus a guéri mon fils! Ce dernier est retourné chez le médecin et a subi tous les examens, et ces derniers n'ont rien indiqué de mauvais. Maintenant, il a repris son travail et il est complètement guéri par Jésus. Je loue et je bénis Dieu grandement pour cette grâce extraordinaire que j'ai reçue par la prière du **Chapelet de libération**. Gloire et louange à Toi, Seigneur, pour cette bénédiction!»

(Antônia/Cerquilho)

* * *

«Mon troisième fils, âgé de six mois, a commencé à avoir des convulsions tous les jours. Je l'ai amené chez le neuropédiatre et ce dernier m'a demandé de faire un électroencéphalogramme: le diagnostic indiquait qu'il souffrait du syndrome de West, une maladie rare où un enfant perd la coordination motrice. Mon fils avait neuf mois et il ne s'assayait même pas et il manquait de tonus au cou. Le médecin demanda un autre électroencéphalogramme et, au moment où l'examen avait lieu, j'ai commencé à réciter le **Chapelet de libération**, demandant à Jésus de le libérer. Le résultat de l'examen a été normal, l'eau avait été changée en vin! Mon fils se tient maintenant la tête droite.

Je loue et remercie Dieu d'avoir entendu ma supplication! Amen!»

(Dalila/Caçapava)

* * *

«J'écris pour rapporter une grande grâce obtenue par la prière du **Chapelet de libération**. Ma fille était enceinte et un ultrason a indiqué que le bébé avait une malformation et que c'était une grossesse à risque.

J'ai commencé à réciter le **Chapelet de libération** pour que Jésus puisse me donner un petit-fils parfait. Après avoir prié neuf jours, ma fille a commencé à donner les signes d'un accouchement imminent, même si elle n'en était encore qu'au huitième mois de grossesse. Un beau et parfait petit garçon est né et il n'a même pas été nécessaire de le mettre dans un incubateur. Jésus a refait mon petit-fils!

Merci, Seigneur!»

(Edna/Itapuranga)

* * *

«Je veux vous féliciter pour le magnifique travail d'évangélisation que vous faites. J'aime beaucoup lire vos livres et les passer à nos frères. J'ai plusieurs livres écrits par vous et inspirés par le Christ.

Je veux apporter à Jésus un témoignage de louange. Il y a plusieurs jours, j'ai été réveillée à 3 heures du matin, par une voix qui m'appelait par mon nom, disant: "Alzira, dis de Chapelet pour ..." Je me suis agenouillée et j'ai commencé à le réciter. La voix disait: "Le **Chapelet de libération.**" Regis et Maïsa, j'étais très touchée et j'ai prié comme jamais auparavant.

Avec beaucoup de foi, j'ai continué à redire et à savourer les paroles: "Jésus, aie pitié de ...! Jésus, guéris ...!" J'ai dormi normalement le reste de la matinée. Et avant midi, par la grâce de Dieu, j'ai rencontré la personne pour laquelle Jésus m'avait demandé de prier. Je lui ai demandé: "Est-ce qu'il vous est arrivé quelque chose, quelque chose de spécial dans votre maison, votre famille, ces derniers jours?" Elle me répondit en pleurant: "Tôt ce matin, je suis tombée dans une dépression totale. J'étais dans la cuisine de ma maison, essayant d'en finir avec ma vie. Je sentais un très grand poids qui tirait mon bras vers le bas, ne me laissant pas commettre le suicide. J'avais le fusil dans la main. J'ai senti que quelqu'un priait pour moi à ce moment."

Merci, Jésus, de T'être servi de moi comme un instrument de ta Volonté. Gloire et louange à Jésus!»

(Alzira/Jales)

* * *

«J'ai été une fumeuse pendant trente-huit ans. Je fumais deux paquets de cigarettes par jour et il était devenu vital pour moi d'arrêter de fumer, car j'avais fait faire une radiographie et on avait détecté l'emphysème. J'ai tout essayé et je ne pouvais abandonner cette mauvaise habitude. J'ai commencé à réciter le **Chapelet de libération** et le miracle est arrivé. Il y a maintenant deux mois que j'ai fumé pour la dernière fois.

Que Dieu soit loué!»

(Marlene/Regent Feijó)

* * *

«Gloire et louange à Dieu qui nous guérit, qui nous sauve et qui nous libère. Nous trouvons merveilleux de pouvoir témoigner de la grâce reçue par la puissance et la force de la prière du **Chapelet de libération**, que nous avons connu il y a un peu plus d'un an.

Au début de cette année, j'ai remarqué que j'avais des problèmes de vue grave. Je suis allée chez l'ophtalmologue; il a découvert que j'avais une tumeur qui se formait à l'intérieur du globe oculaire et il m'a envoyée dans une clinique spécialisée de Curitiba.

Le directeur m'a averti que l'intervention coûterait au moins 6000 réis… et comment une retraitée qui ne gagne que le salaire minimum pourrait-elle payer ce genre de frais? Le médecin de Curitiba me dit que je ferais mieux d'attendre trois ou quatre mois, afin d'observer le développement de la tumeur, car elle était encore très petite. J'ai commencé à prier chaque jour le merveilleux **Chapelet de libération**, et, quand je suis retournée chez mon ophtalmologue pour vérifier le développement de la tumeur, la gloire de Dieu s'est manifestée. A sa surprise et à ma joie, il me dit: "Je ne sais pas ce que vous avez fait, mais il ne reste plus rien à opérer!"

Actions de grâce et gloire soient rendues à Jésus, qui a guéri, qui a sauvé et qui a libéré ma vue.»

(Ana/União da Vitória)

* * *

«Dans cette lettre, je veux apporter un merveilleux témoignage de ce que Jésus et Marie ont fait pour moi et pour ma famille par la prière du **Chapelet de libération**. Il y a quatre ans, ma famille et moi étions absolument au bout de nos moyens, car notre entreprise avait fait faillite. Nous avions perdu tout ce qu'en trente ans nous avions gagné, nous avions pour 100000 réis de dettes. Moi-même, déjà âgée de 49 ans et mon mari, âgé de 52 ans, n'avions tout simplement plus rien.

Mon fils, qui avait toujours travaillé avec nous, est devenu très perturbé. Même sa femme ne voulait plus le voir et elle l'a renvoyé de la maison. C'est alors que j'ai connu le livre du ***Chapelet de libération***.

Mon fils est parti travailler à Asunçion, au Paraguay, mais il était si déprimé qu'il avait perdu douze kilos. En plus de tout cela, nous avions perdu notre réputation et notre crédit était à zéro. Il travaillait là-bas, mais ce qu'il gagnait suffisait seulement à permettre à lui et à son fils de manger du riz, des fèves et des œufs une fois par jour, car il ne restait plus assez d'argent pour acheter un morceau de viande. Sa femme ne voulait plus de lui. J'ai alors commencé à réciter le **Chapelet de libération** pour moi, pour ma famille et pour mon fils. Mon fils me disait: "Maman, je voudrais mourir, parce qu'il ne me reste plus aucun espoir. Ma femme ne veut plus de moi, je n'ai pas les moyens d'envoyer mon fils à l'école publique. A quoi bon vivre?" Je suis alors allée le rejoindre au Paraguay, où il travaillait comme vendeur de pièces. Je dormais sur une chaise parce que nous n'avions pas assez d'argent pour manger, encore moins dormir. Un de ses amis nous a offert une place où rester et là mon fils dormait sur un lit de camp et moi sur une chaise.

J'ai commencé à réciter le **Chapelet de libération** sans arrêter. J'en disais plusieurs par jour et je disais aussi le **Chapelet de la Divine Providence**. Mon fils ne savait plus où donner de la tête et il me disait: "Maman, arrête de te faire des illusions, nous sommes au bout de nos moyens, il n'y a plus rien que nous puissions faire. Je n'entrevois plus aucun avenir." Et je lui répondais: "Si tu crois, tu verras la gloire de Dieu!" Il avait une voiture que nous appelions "le tacot" car il y avait de la place seulement pour deux personnes. Quand il pleuvait, la pluie y pénétrait comme s'il n'y avait pas de toit. Mais je gardais silence et je m'abandonnais entièrement entre les mains de Jésus et dans son Cœur.

Tu sais, Maïsa, j'ai abandonné l'Eglise pendant six ans pour une raison très grave. J'avais perdu ma fille et mon gendre dans un accident de voiture et j'avais mis l'Eglise complètement de côté. Quand j'ai commencé à réciter le **Chapelet de libération**, je suis revenue à l'Eglise, je suis allée me confesser et j'ai prié sans cesse pendant un an et les grâces ont commencé à arriver. Je témoigne aujourd'hui et je voudrais que tout le monde puisse apprendre à connaître la Puissance de Jésus-Christ qui est le même hier, aujourd'hui et à jamais.

Maïsa, je vais maintenant raconter mes bénédictions. Jésus m'a déjà donné une maison, bien meilleure que celle que j'avais; nous avons payé toutes nos dettes. Mon fils a maintenant deux voitures: une pour le travail et l'autre, une camionnette importée. Sa femme est revenue et ils ont été bénis d'un autre petit garçon, fort et en bonne santé. Ma belle-fille, qui était une protestante évangélique, fréquente aujourd'hui notre Eglise et elle a promis à Jésus que si un de ses fils voulait devenir prêtre, elle l'appuierait pleinement. Ils ont déjà un terrain et ils vont se faire bâtir une maison. Ils ont une bonne vie et ils sont maintenant pleinement heureux. Mon mari, après trente-quatre ans à l'écart de l'Eglise, y est revenu et est allé se confesser, Dieu soit loué! Et il a même reçu la grâce de la guérison de la mauvaise habitude de la cigarette, après avoir fumé pendant quarante ans. Ma fille a été admise à l'université fédérale, grâce à Dieu le Père, à la puissance de Jésus et de Marie, et à la prière du **Chapelet de libération**.

Aujourd'hui, je loue et je bénis Dieu pour tous les moments de ma vie. Ecoute, Maïsa, il y a beaucoup plus de grâces… Si je les écrivais toutes, il me faudrait tout un livre pour raconter les merveilles que Dieu a accomplies dans nos vies.

Merci beaucoup, Jésus, et à vous aussi, merci d'avoir fait connaître cette prière puissante!»

(Gleci/Foz do Iguaçu)

* * *

«J'écris cette lettre pour donner mon témoignage. Alors que je faisais frire du poisson, un vendeur s'est présenté à la porte. Je suis allée lui parler en oubliant que la cuisinière était allumée. Quand j'y ai pensé, je suis accourue, mais tout ce qu'on pouvait voir, c'était de la fumée. Tout était obscur. J'ai attrapé la poignée de la poêle qui était très grande et remplie d'huile et de poisson et je me suis dirigée vers la porte pour jeter cela dehors. J'ai buté sur le seuil de la porte et l'huile bouillante est tombée sur ma main droite, qui s'est recouverte d'ampoules. Je me suis alors souvenue qu'il y avait à l'église une messe de guérison et de libération et j'ai commencé à me dire sous l'emprise de la douleur: "Comment donc est-ce que je vais pouvoir me rendre à la messe avec cette main toute brûlée?" Et j'ai pensé: "Si Jésus aide à empêcher ma main de devenir toute défigurée, je vais réciter quatre **Chapelets de libération**." Il était trois heures de l'après-midi quand je me suis brûlée.

J'ai commencé à réciter le **Chapelet de libération**. J'ai récité le premier, le deuxième, et, quand j'en étais à la deuxième dizaine du troisième Chapelet, ma main était déjà complètement guérie. A cinq heures de l'après-midi de la même journée, ma main était entièrement guérie, étant seulement noircie par la brûlure. Après trois jours, ma peau se mit à peler, mais il n'y avait pas de douleur suite à la brûlure. Je récite le **Chapelet de libération** tout le temps, jour et nuit, et j'arrête seulement quand je dors.

Je veux faire connaître mon témoignage et dire que Jésus seul guérit, Jésus seul nous libère. Si je racontais toutes les bonnes choses que j'ai reçues de Jésus, cela me prendrait deux jours.»

(Elzira/Italva)

* * *

«Je vous écris avec une grande joie pour attester de la grande grâce que j'ai reçue de Dieu le Père, par Jésus-Christ et par Notre-Dame. J'étais au désespoir, mon mariage était complètement dévasté et seul un miracle pouvait le sauver. Il ne s'agissait pas d'un autre homme ou d'une autre femme, mais le cœur de mon mari était séparé du mien. Nous en étions au point le plus bas. Je ne connaissais pas Jésus et c'est à ce moment de ma vie que je L'ai cherché de tout mon cœur.

Je me suis agenouillée aux pieds de Jésus et je Lui ai demandé de faire que mon mari m'aime encore; je Lui ai demandé de sauver mon mariage. J'ai tout confié à Jésus et je Lui ai ouvert mon cœur. Je me suis alors souvenue d'avoir vu quelque chose au sujet du **Chapelet de libération** à la télévision et j'ai vraiment voulu en savoir plus. J'étais convaincue que mon mari avait besoin d'être libéré spirituellement et d'être guéri dans son cœur. Un après-midi, alors que je faisais un commentaire à une de mes tantes au sujet de cette prière, elle m'a tout expliqué au sujet du livre du ***Chapelet de libération.*** Je suis immédiatement allée à la librairie m'en acheter un exemplaire.

J'ai commencé à réciter le **Chapelet de libération** et les prières dans la librairie même. Chers amis, j'ai vu Jésus et je suis tout émue quand je m'en souviens. J'ai été surprise à plusieurs reprises, mais je savais que c'était Jésus. Cette Lumière divine a calmé la douleur de mon cœur et ces yeux miséricordieux m'ont assuré que Jésus était avec moi.

Plus je priais, plus j'étais sûre que Jésus sauverait mon mariage. En récitant le **Chapelet de libération**, j'ai fait plusieurs expériences de Jésus et de Marie. Ma vie a changé. Il y a un an que j'ai rencontré Jésus… que je connais Jésus. Il a sauvé mon mariage et libéré mon mari. Il a guéri son cœur et restauré notre vie. Nous avons l'un pour l'autre un grand amour. J'ai appris à connaître l'émission télévisée ***Raboni e vocé*** et je suis devenue très heureuse. Jésus est tout, Il est la Vie, l'Amour et la Sagesse! Jésus seul guérit, sauve et libère! Merci, Seigneur Jésus! Je vous aime, Seigneur!

Il y a beaucoup d'autres grâces à part celles-ci. Merci, cher Père! Merci, Jésus! Merci, Mère du ciel! Le **Chapelet de libération** nous rapproche de Dieu. Amen!»

(A. M./Cerro Grande)

* * *

«Je désire donner mon témoignage d'une grande et miraculeuse grâce, obtenue par la prière très puissante du **Chapelet de libération**. Je loue et je glorifie le Seigneur d'avoir libéré mon fils du vice de la drogue. Il était malade, déprimé, triste et nerveux, au bord de l'abîme. Il fréquentait de mauvais compagnons. J'ai prié chaque jour pendant plusieurs mois pour que Jésus le libère de toute maladie spirituelle, physique et émotionnelle. J'ai fait la neuvaine du **Chapelet de libération** à chacune de ces intentions. Et Jésus, par la Puissance de sa Parole, a libéré mon fils de la drogue, de la dépression et de ses mauvais compagnons. Il a même cessé de sortir en soirée.

Que Dieu en soit remercié, car je n'avais pas les moyens de payer pour le faire traiter. Jésus l'a aussi libéré de tout mal, Il l'a converti, placé sur le chemin du bien. Je veux louer le Seigneur et rendre grâce pour cette puissante prière de guérison, de salut et de délivrance!»

(***/Coxim)

* * *

«J'écris pour donner mon témoignage. Il y a trente-trois ans que je suis mariée, et, il y a quelque temps, mon mari a commencé une liaison avec une autre femme. Cela a duré à peu près un an et cela a été très douloureux. Il a loué une maison pour elle, il en a assumé tous les frais et il a dépensé beaucoup d'argent. Il sortait le dimanche et ne rentrait que tôt le lundi matin, sans compter les jours de semaine où il revenait à la maison seulement à minuit ou à une, deux, trois ou quatre heures du matin. Il allait danser et me laissait seule avec ma fille de 13 ans. Je vis sur une ferme, c'est pourquoi j'avais très peur. Je ressentais une douleur si grande qu'elle est difficile à exprimer; je pleurais, je priais et je passais des nuits à veiller.

J'ai alors commencé à réciter le **Chapelet de libération**, demandant que mon mari soit délivré; j'ai promis à Jésus que je distribuerais des livres et je ne me suis pas découragée. J'ai continué à me fier en Jésus le Libérateur et en Notre-Dame d'Aparecida, et, aujourd'hui, mon mari va déjà à l'église, il fait les premiers vendredis du mois et il est redevenu ce qu'il était avant: un homme honnête, un père exemplaire.

Notre foyer est devenu une fontaine incomparable d'amour et de grâce. Pour le restant de mes jours, je vais louer et remercier Jésus et Notre-Dame d'Aparecida pour la prière du **Chapelet de libération**. Quelle que soit votre difficulté, dites le **Chapelet de libération** sans vous décourager, car, au moment où vous vous y attendez le moins, vous recevrez la grâce.»

(***/São João Del Rei)

* * *

«C'est avec une grande joie que je viens apporter mon témoignage au moyen de cette lettre. Il y a un an, mon père a eu un problème de la vessie avec hémorragie, ce qui a nécessité une hospitalisation. Il a plus tard été envoyé dans une autre ville pour une biopsie. Le médecin a alors décidé d'opérer et d'enlever la prostate au moment de la biopsie.

Aussitôt après l'intervention, le médecin nous a annoncé que mon père avait une tumeur maligne à la vessie et qu'il commencerait de la chimiothérapie dès qu'il serait remis de son opération. Le choc a été grand pour nous tous, car nous ne nous attendions pas à cela. La famille a décidé de ne pas lui annoncer la nouvelle, car nous savions qu'il ne pourrait pas le supporter.

Nous avons tout remis entre les mains de Dieu, et de nouveaux examens ont débuté en vue du traitement. Un jour, alors que nous allions à la messe dans la ville d'Aparecida do Norte, nous sommes passés devant une librairie et j'ai aperçu le livre du ***Chapelet de libération***. J'en avais déjà entendu parler, mais je n'avais jamais eu l'occasion de le lire. Je l'ai acheté et j'ai été très touchée par les témoignages. Le jour même, j'ai commencé une neuvaine. Avec une grande foi et les yeux pleins de larmes, j'ai demandé à Dieu de libérer mon père et d'aider ma famille et moi-même à garder courage sous le poids de tant de souffrance. Après quinze jours, la travailleuse sociale de l'hôpital m'a appelée pour demander les anciens examens afin de les comparer aux nouveaux.

Le lendemain, elle a appelé encore, demandant une nouvelle ultrasonographie pour établir une comparaison. Après que tout eut été en ordre, le jour où nous devions rencontrer le médecin est arrivé: à sa grande surprise et à la nôtre, il a dit que la vessie de mon père était saine et normale. Il a demandé si nous étions catholiques, car un miracle venait d'avoir lieu. Je lui ai alors raconté ce qui était vraiment arrivé et je rends grâce chaque jour parce que Jésus a guéri mon père.

Grâce au **Chapelet de libération**, Jésus a opéré sur mon père. Aujourd'hui, il va bien et il travaille, ayant une bonne santé. Si quelqu'un éprouve des difficultés, je lui dis: "Dites le **Chapelet de libération** avec foi et avec confiance en Jésus, car Il a exaucé mes prières." Il ne faut jamais se décourager, car Jésus seul nous guérit, Jésus seul nous sauve, Jésus seul nous libère.

Je loue Dieu chaque jour, car Il m'a rendu la joie, et parce que, grâce à Lui, mon père a été libéré. Loué soit notre Seigneur Jésus-Christ! Que Dieu soit avec vous, car Il est notre Sauveur!»

(Marcia Maria/Caçapava)

* * *

«C'est avec un cœur très joyeux et les larmes aux yeux que j'apporte mon témoignage de foi. Jésus est très puissant. Il guérit, Il sauve et Il libère. C'est pourquoi je désire que tous ceux et celles qui liront ceci puissent croire de plus en plus à la Puissance de Jésus.

Mon plus jeune frère, qui aime beaucoup jouer, qui est toujours satisfait de la vie et qui était extrêmement affectueux avec mes parents, a commencé soudainement à se montrer réservé, de mauvaise humeur, irrespectueux envers mes parents. Nous ne pouvions même pas le regarder sans commencer une dispute. Il abandonna son travail, se mit à revenir à la maison seulement pour dormir; il ne mangeait plus comme il faut, il était étrange et il ne nous parlait plus. A mesure que les mois passaient, son état empirait.

Nous essayions de lui parler, mais il ne répondait pas. Finalement, un jour, il est entré à la maison complètement hors de contrôle. Il semblait devenu un monstre.

Il a commencé à crier comme s'il était fou, il a attaqué ma mère, il a bousculé mon père et il se déplaçait en brisant les chaises, en frappant la table du pied et en déchirant sa chemise. Il criait: "Tuez-moi, allez-y, tuez-moi!" Il est allé à la cuisine, il a pris un couteau et il l'a porté à son poignet. à ce moment, j'ai fermé les yeux et j'ai pensé en moi-même: "Jésus-Christ, aie pitié de mon frère!" Ce dernier a lâché le couteau subitement et il s'en est allé. J'ai regardé mes parents et c'était extrêmement pénible. Ils avaient peur et ne comprenaient rien. J'étais très en colère; je voulais qu'il disparaisse.

Après quelques heures, il est revenu à la maison en larmes, il a embrassé ma mère, demandant pardon, disant qu'il ne savait pas ce qui lui arrivait, car il voulait seulement rester dans la rue. Quand il ouvrait la grille pour entrer dans la maison, une haine terrible envers tous ceux de la maison envahissait son cœur. Il s'est écrié: "Maman, aide-moi!"

En voyant tout cela, je suis allée dans ma chambre; la colère a disparu de mon cœur. Je me suis agenouillée et j'ai commencé à demander à Dieu d'aider mon frère. Je me suis alors souvenue du **Chapelet de libération**, qu'une amie m'avait enseigné. Dès ce moment, j'ai commencé une neuvaine et, neuf jours de suite, j'ai récité le **Chapelet de libération** à genoux, en pleurant, en demandant à Jésus de libérer mon frère.

Le miracle a eu lieu avant même que j'aie terminé la neuvaine. Mon frère a commencé à se calmer. Il a commencé à ne plus passer tout son temps dans la rue. Il quittait le travail et venait directement à la maison. Il a recommencé à bien manger, à sourire, à parler. En un mot, il était redevenu le frère qu'il était auparavant. Je remercie Jésus tout le temps et je veux que tout le monde sache que Jésus est très puissant.

La semaine passée, j'ai eu une difficulté au travail qui me laissa découragée. Quelques heures avant de commencer le travail, j'ai récité le **Chapelet de libération** et Jésus a entendu ma supplication et j'ai pu résoudre mon problème.

Gloire à Jésus! Merci, Jésus! Gloire soit au Seigneur Jésus!»

(***/Jacareí)

* * *

«Je vous ai écrit, il y a quelques jours, pour demander de l'aide. Je souffrais beaucoup et ma tension artérielle était toujours trop haute. Je ne pouvais plus endurer cela. Ma tante avait le livre du ***Chapelet de libération*** et j'ai décidé de prier avec beaucoup de foi. J'ai subi un ultrason qui indiqua que mon rein gauche était trois fois plus grand que le droit. J'ai apporté les résultats à une clinique et le médecin a référé le cas à un néphrologue qui, en voyant l'examen, soupçonna des pierres rénales. Il m'a dit de faire répéter l'examen et aussi de subir une radiographie. Je n'ai que 19 ans et j'étais au désespoir, ne sachant plus que faire. J'ai décidé de confier mon cas à Jésus.

J'ai commencé à réciter la prière du **Chapelet de libération**. Un soir, je ne pouvais plus endurer ces douleurs et je me suis mise à prier en silence et avec détermination. Soudain, la douleur a commencé à se dissiper et, depuis ce jour, les douleurs sont parties et, quand j'ai fait l'examen, mon rein était en parfait état, la proportion avec l'autre rein était exacte, et il n'y avait aucun indice de pierres. Aujourd'hui la tension semble rester élevée, mais je suis convaincue que je vais être complètement guérie, par la grâce de notre Seigneur Jésus-Christ. Je continue de prier.

Je remercie ***Raboni*** pour son beau travail. Que Dieu soit toujours avec chacun de vous!»

(Alexandra/Salvador)

* * *

«J'espère bien que ma lettre vous trouvera en paix et en santé. J'écris pour vous parler un peu de ma vie et d'une grâce que j'ai reçue.

Il y a six ans que j'étais mariée et je n'avais pas encore d'enfant. Cela faisait trois fois que j'étais enceinte, mais cela n'avait pas abouti. A ma première grossesse, j'ai perdu le bébé au sixième mois. A la deuxième, mon bébé est né, c'était un petit garçon. J'étais radieuse; cela nous comblait, mais après trente heures, mon petit garçon est mort d'insuffisance respiratoire. Une partie de moi est morte aussi.

Avec le temps, nous avons un peu repris le dessus. Nous sommes allés voir un bon médecin et le traitement a débuté. Après presque un an, les médecins ont assuré que j'étais prête à devenir maman une autre fois. Peu de temps après, j'étais enceinte, heureuse et très contente.

Malheureusement, quand je pensais que tout allait bien, j'ai commencé à me sentir malade. Je suis allée voir le médecin et j'ai subi un examen à l'ultrason: mon petit bébé était mort. Personne ne savait pourquoi. Le choc a été grand, car je ne ressentais aucune douleur et mon bébé était mort à l'intérieur de moi. Tout ce que je ressentais, c'était le désir de mourir moi aussi. Le médecin m'avait garanti qu'il n'y aurait plus de problème et pourtant, cela était arrivé! Ils m'ont conduite à la capitale. J'ai eu une consultation privée et un autre ultrason qui confirma ce que nous savions déjà.

Le médecin a prescrit un médicament pour provoquer les contractions et la fin de grossesse, comme le bébé était mort de toute façon. Nous sommes allés dans divers hôpitaux et les médecins avaient peur de s'occuper de moi car ils pensaient que j'avais tué mon bébé.

Dieu merci, j'ai rencontré une famille qui m'a accueillie dans sa maison ce soir-là. Le lendemain, ils m'ont conduite à un hôpital universitaire où on s'occupa bien et moi et où on m'hospitalisa. La dame qui avait pris soin de moi acheta le médicament pour terminer la grossesse et le médecin l'a introduit dans mon utérus. Les douleurs étaient terribles, mais ce n'était rien comparé à la douleur dans mon cœur.

A ce moment, tout ce que je voulais, c'était mourir avec mon bébé. Deux heures plus tard, l'enfant était extrait et une cautérisation pratiquée pendant que j'étais sous anesthésie générale. Alors que j'étais encore endormie, je me suis retrouvée dans un endroit très joli, avec une abondance de fleurs et des grands champs. Je pouvais entendre les médecins et les infirmières qui m'appelaient. Je sentais qu'ils me giflaient au visage, mais je ne pouvais pas réagir. Je commençai alors à sentir le désir de revenir. J'ai pensé à mon mari qui venait de perdre un autre fils et comment, s'il perdait aussi sa femme, ce serait bien pire.

Revenue à la maison, j'ai reçu toutes sortes de soins affectueux et d'attention. Mais il me manquait quelque chose et je m'enfonçai dans une dépression profonde. J'en suis venue au point où je ne prenais plus mon bain, je ne me coiffais plus, je ne parlais plus; je ne faisais que pleurer.

J'ai perdu quatorze kilos en quatre semaines et j'ai failli mettre mes doigts dans une prise électrique.

Un jour, mon mari m'a emmené dans la maison de sa mère et c'est là que j'ai appris à connaître le livre du ***Chapelet de libération***. J'ai commencé à lire les témoignages, j'ai emporté le livre à la maison et j'ai commencé à faire une neuvaine pour que Jésus me libère de mes tourments. A chaque fois que je pensais à eux, je me mettais à prier. Après quelques semaines, j'étais guérie.

Merci à Dieu et au **Chapelet de libération**! Aujourd'hui, presque trois ans après, j'ai un bel enfant âgé de cinq mois et c'est la plus grande bénédiction que Dieu ait pu m'accorder. Je suis comblée. Ma vie, ainsi que celle de mon mari, a maintenant un autre sens; j'en rends grâce à Dieu!

C'est pourquoi je remercie Dieu pour tout, surtout pour le **Chapelet de libération**. Que Dieu soit béni et loué et que le Seigneur Jésus soit béni et loué, toujours et à jamais! Amen!»

(Joelma/Santana do São Francisco)

* * *

«J'écris pour témoigner d'une grande grâce opérée par Dieu dans la vie de ma mère par la prière du **Chapelet de libération** au Nom de Jésus. Ma mère a subi un ultrason demandé par le médecin et ils ont découvert une tumeur entre l'estomac et l'intestin. Elle souffrait beaucoup, depuis longtemps, mais elle disait que Jésus allait la guérir.

J'étais découragée à l'annonce de cette nouvelle par le médecin et j'ai quitté son bureau en larmes et me demandant comment j'allais être capable de présenter cette nouvelle à ma mère. Je suis allée à l'église et je me suis approchée du tabernacle. Là, agenouillée et en larmes, j'ai confié ma mère à Jésus et à Notre-Dame.

J'ai demandé à Jésus de me donner la force de lui parler et, à ce moment, j'ai récité le **Chapelet de libération** avec beaucoup de foi, demandant à Jésus, si c'était sa volonté, de la guérir. Quand je lui ai annoncé la nouvelle, elle a été prise de panique et je lui ai dit: "Maman, où est ta foi?" et, chaque jour, je renforçais sa foi en lui lisant quelques témoignages du livre du ***Chapelet de libération*** au sujet de personnes cancéreuses qui avaient été guéries.

J'avais peur qu'elle ait besoin d'une intervention chirurgicale, car elle est âgée de 69 ans et elle guérit difficilement. Le médecin a demandé un autre examen et cela nous a pris trois mois avant d'en obtenir un par l'entremise de l'unité de santé publique. Les résultats sont arrivés et, le jour même, je les ai apportées au médecin. Il a été très surpris en examinant les sept radios de l'intestin de ma mère et il m'a dit que la tumeur n'était plus là. Ma mère et moi lui avons dit que c'était Jésus qui avait guéri ma mère, par l'entremise de la prière du **Chapelet de libération**.

J'avais prié le **Chapelet de libération** pour elle chaque jour. Je demandais à Jésus d'aller et de passer ses mains ensanglantées sur l'infirmité et de la guérir. Ma mère aussi récitait le **Chapelet de libération** chaque jour, agenouillée, et demandait sa guérison avec beaucoup de foi.

Il ne reste qu'à remercier Dieu, parce que, par son Fils et par l'intercession de la très Sainte Vierge Marie, il a guéri ma mère.

Béni et loué soit le Nom puissant de Jésus! Gloire et louange à toi, Jésus!»

(Lucinda/Vazante)

* * *

«Je me nomme Ana Maria. Un jour, un de mes fils, le plus jeune, a commencé à travailler et il m'a fait cadeau de 10 réis, car la fête des Mères approchait. Je me suis rendue aux ***Edições Paulus*** *(Editions Saint-Paul)* pour acheter une petite Bible qui puisse aller dans mon sac à main, mais l'argent que j'avais ne suffisait pas, car elle coûtait davantage que dix réis. A ce moment, j'ai regardé derrière moi et j'ai aperçu sur une tablette des livres au milieu desquels se trouvait le volume du ***Chapelet de libération***. Une dame s'est approchée et je lui ai demandé des renseignements au sujet de ce livre. Elle a dit qu'il était excellent et qu'elle en avait un exemplaire dans son sac à main. Je l'ai acheté et j'ai commencé à le feuilleter et j'ai appris comment dire les prières.

J'ai prié pour moi-même et plus tard j'ai commencé à prier pour mon fils qui avait la mauvaise habitude de fumer de la marijuana. J'ai continué à prier le **Chapelet de libération**, ce qui m'a obtenu la grâce que mon fils soit libéré de ce vice. Un jour, il est venu à la maison dire qu'il ne voulait plus acheter de marijuana pour en fumer. Il évitait aussi ses compagnons habituels. Il m'a dit qu'il se sentait différent, sans savoir pourquoi. Plus tard, il a lui-même découvert qu'il se sentait mis à nu. A chaque fois qu'il allait acheter de la drogue, il se sentait ainsi et il ne savait pas pourquoi.

Et je persévérais dans la récitation du **Chapelet de libération**, demandant à Jésus-Christ de libérer mon fils. J'ai plusieurs témoignages à donner au sujet du **Chapelet de libération**. Aujourd'hui je résume, parce que cela serait très long.

Dieu soit loué, mon fils a déjà du travail et il étudie à l'école secondaire. Il songe à se trouver un autre travail quand il recevra son diplôme, afin de gagner plus. Dieu en soit remercié!»

(Ana Maria/Simões Filho)

* * *

«J'écris afin de dire mon témoignage au sujet d'une grande grâce reçue par le **Chapelet de libération**. Je travaillais dans une église, effectuant des rénovations, car la fête patronale de saint Antoine approchait. Quelque chose de grave arriva alors dans ma vie. J'ai eu un accident. Je suis tombé de haut dans l'église et j'ai fini par me briser deux vertèbres, mais, par la grâce de Dieu, je ne suis pas devenu paraplégique. Je suis devenu très soucieux, mais, que Dieu en soit remercié, un voisin avait un exemplaire du livre du *Chapelet de libération* et il me l'a prêtée.

Je l'ai lu et j'ai commencé la prière. De jour en jour, les douleurs au dos ont diminué. Et plus je prie, plus je suis joyeux. Ce livre du *Chapelet de libération* est vraiment une bénédiction. Je marche déjà et mon état s'améliore tout le temps. Que Dieu en soit remercié, ce livre du *Chapelet de*

libération a fortifié ma foi au moment où j'en avais le plus besoin. Je remercie Dieu et son Fils Jésus, ainsi que Marie Immaculée, pour la bénédiction que j'ai obtenue. Alléluia, Alléluia!»

(Sullivan/Balsas)

* * *

«Je désire qu'on publie mon témoignage parce que Jésus m'a exaucée. Ma fille souffrait depuis presque trois ans d'une maladie terrible. Elle est mariée depuis vingt-trois ans et elle a un garçon et une fille. Soudain, elle s'est mise à avoir peur de tout; elle verrouillait son appartement quand son mari partait pour le travail, et les enfants ont même souffert de la faim parce qu'elle ne les laissait pas sortir pour aller acheter de la nourriture. Elle est allée voir plusieurs médecins et a pris des médicaments très coûteux, sans aucun résultat. Elle a perdu vingt kilos, elle paraissait maigre comme un squelette et elle ne pesait que quarante kilos. Quand je l'ai vue — elle demeure dans une autre ville — j'ai pleuré de pitié. J'ai alors commencé à prier le **Chapelet de libération**.

Quarante jours plus tard, j'ai téléphoné à mon gendre et il m'a dit qu'elle était guérie. Elle a déjà repris cinq kilos. Je suis revenue chez moi, car j'étais dans une cabine téléphonique, et, dès que je suis arrivée, je me suis mise à verser des larmes d'émotion.

Merci, mon cher Jésus! Avec la foi, tout est possible!»

(Emiliá/Paranaguá)

* * *

«J'écris pour remercier Jésus-Christ d'une grâce obtenue par le petit livre du ***Chapelet de libération***. On me l'a prêté au moment le plus difficile de ma vie. A l'heure actuelle, je suis enceinte de mon second fils; j'en suis au quatrième mois. J'ai une jolie petite fille âgée de deux ans. Voici comment le drame s'est déroulé. J'ai subi un ultrason qui indiquait que mon bébé souffrait peut-être d'hydrocéphalie. Un deuxième ultrason a donné les mêmes résultats. Toute ma famille était au désespoir.

Après sa naissance, le bébé devrait avoir une valve pour drainer l'eau accumulée dans sa petite tête et il souffrirait peut-être de séquelles. Nous sommes étions attristés et nous avons commencé à prier beaucoup. Un jour, ma mère m'a apporté le livre du ***Chapelet de libération***, qui lui avait été prêté par la dame pour laquelle ma belle-sœur travaille. Ce même jour, j'ai commencé la prière. Avec l'aide d'un ami, nous avons essayé de nous rendre dans un hôpital spécialisé de Rio de Janeiro et nous avons réussi. Que Dieu soit loué! Quand nous y sommes arrivés, je suis allée pour un autre ultrason et mon bébé n'avait plus rien; mon mari et moi étions surpris, même si nous espérions que Jésus le guérisse. Tout le monde était émerveillé et rendait grâces à Dieu.

Aujourd'hui, je suis une personne qui a une plus grande confiance dans le fait que Dieu le Père, Jésus et la Vierge Marie nous aident toujours. Je suis très heureuse et j'offre des remerciements et des louanges à Jésus mon Seigneur.»

(Fabiana/Itatiaia)

* * *

«Chers frères,

Je viens au moyen de cette lettre apporter un témoignage merveilleux au sujet de ce que j'ai obtenu par la prière du **Chapelet de libération**.

J'ai toujours été catholique, mais ma foi a été confirmée le jour ou j'ai constaté combien Dieu est miséricordieux. Mon mari, qui est âgé de 51 ans seulement, et moi-même avons eu un accident de voiture. Mon mari a eu seulement une égratignure. J'ai été très grtavement blessée et mon petit garçon a été projeté à dix mètres hors de la voiture. A ce moment, mon désespoir était immense, mais Jésus-Christ est encore plus grand.

Quelqu'un qui habitait tout près a trouvé mon fils dans les buissons et il l'a emporté dans sa maison; il lui a lavé le visage et il me l'a apporté, seulement quand mon petit a pu respirer. Nous avons été conduits à l'hôpital; en route, je demandais à Jésus-Christ d'avoir pitié de mon fils et, encore une fois, un miracle arriva: mon petit garçon se mit à pleurer, il a pleuré beaucoup et il a montré qu'il était en vie. Quand nous sommes arrivés à l'hôpital, une tomographie a été pratiquée qui a permis de diagnostiquer un traumatisme crânien et une autre hémorragie interne. Comme les moyens sont limités à l'endroit où nous vivons, nous l'avons transféré à l'hôpital pour enfants de Vitória, dans l'Etat d'Espírito Santo.

Il y avait plus de ressources dans cette ville où, à mon grand plaisir, ma famille réside. Pendant les deux premiers jours, l'état de mon fils était stable, mais, le troisième jour, des crises convulsives ont commencé et on l'a transféré dans l'unité de soins intensifs. Là, les crises ont continué et son état a empiré sérieusement. Il en est venu au point où il ne voyait plus et ne réagissait plus aux stimuli externes. Mon fils a alors été transféré au centre de traumatologie.

A ce moment, mon découragement était très grand. Les médecins ne me laissaient aucun espoir et me disaient seulement de prier, parce qu'ils faisaient leur part. Même dans cette situation, je n'ai pas perdu ma force et je suis allée au couvent de Notre-Dame de Penha et, là, j'ai beaucoup prié pour mon fils et j'ai aussi acheté le livre du ***Chapelet de libération***.

J'ai commencé à lire les témoignages et ma foi a augmenté. Le jour même, j'ai commencé à réciter le Chapelet. Mes frères, mon fils était si mal en point qu'en plus d'un traumatisme crânien, d'un œdème et d'une hémorragie cérébrale, il avait une infection sanguine et une pneumonie. Dieu seul pouvait le sauver et c'est ce qu'Il a fait. Mon fils passa neuf jours au centre de traumatologie et vingt-quatre jours à l'hôpital, mais aujourd'hui l'état de santé de mon fils est excellent.

Je rends grâce pour cette prière puissante, que j'ai priée avec beaucoup de foi et que je prie encore aujourd'hui. Cela fait plus d'un an et mon petit garçon est beau, dodu et très intelligent. Evidemment, il est encore suivi par les médecins, mais son développement surprend tout le monde.

Aujourd'hui, je vis un grand problème, mais je suis certaine que Jésus va me libérer. Mes frères, récitez cette prière avec beaucoup de foi et vous verrez alors les merveilles de Dieu. Amis de ***Raboni Editora***, merci de faire connaître les grâces obtenues, parce que, quand nous lisons les témoignages, notre foi en est renouvelée.

Merci, Jésus-Christ! Merci, Marie! Merci, Esprit Saint! Merci, mon Dieu! Jésus-Christ, Lumière de ma vie, je T'aime!»

(Lucimar/Teixeira de Freitas)

* * *

«Jésus m'a libérée de mes dettes. Je veux louer Dieu au Nom de Jésus-Christ, en apportant mon témoignage à tous ceux et celles qui liront le livre du ***Chapelet de libération***, car j'ai été libérée par la grâce de Dieu.

Chez moi, nous étions un an en retard pour le paiement de la facture d'eau; les frais de scolarité de mes deux fils étaient impayés depuis plus de deux mois et il y avait aussi d'autres factures. Nous avions des livres à acheter, l'inscription à payer... Nous en dormions mal.

Quand je m'éveillais mon cœur n'était plus avec Dieu. Je ne pensais qu'à mes dettes. Je ne savais que faire, car l'argent qui rentrait chaque mois, ne couvrait pas les dépenses.

J'ai vu dans la maison de ma sœur Rita quelques livres de ***Raboni Editora*** qui étaient en vente. Je les ai tous examinés. Je devins très intéressée en lisant quelques pages du ***Chapelet de libération.***

Je me suis tout de suite mise à réciter ce Chapelet, demandant à Jésus de me libérer de mes dettes et promettant que je donnerais mon témoignage pour publication dans le livre du ***Chapelet de libération.*** Sur-le-champ, mon mari me trouva un nouvel emploi qui me plaisait. J'ai alors quitté mon travail à la compagnie où j'avais travaillé onze ans; j'ai reçu mon indemnité de fin d'emploi et j'ai pu payer mes dettes.

Aujourd'hui, je suis libre parce que Jésus m'a libérée par la grâce de Dieu! Amen!»

(Maria Aparecida/Codó)

* * *

«Chers frères,

Je veux tout d'abord vous saluer dans le Christ, de la part d'une personne qui est très reconnaissante envers Dieu et envers vous qui par le **Chapelet de libération** nous avez inspirés d'avoir la foi en des temps vraiment difficiles.

Je veux maintenant vous parler au sujet du miracle que le **Chapelet de libération** a opéré dans ma vie.

J'ai une petite fille qui se nomme America. Il y a trois ans, on a diagnostiqué qu'elle était atteinte de lupus. A ce moment, ma fille avait presque 11 ans, et, d'après le néphrologue, cette infirmité arrête le fonctionnement des reins, des deux côtés à la fois. Quand ils m'ont annoncé cette nouvelle et expliqué les conséquences de cette infirmité, j'aurais voulu mourir. La solution la plus rapide pour la garder en vie était la dialyse. Je m'y refusais, mais, si je voulais la garder en vie, il n'y avait pas d'autre solution.

Le lendemain, quand je me suis rendue à l'hôpital, ils ont commencé des traitements d'hémodialyse qui ont duré une année et sept mois. Par après, ils m'ont dit qu'ils allaient utiliser un autre type de dialyse nommée dialyse péritonéale. Avant qu'ils procèdent à l'intervention, une sœur de l'église m'a parlé du **Chapelet de libération**. Elle m'a montré comment dire le Chapelet et m'a prêté le livre en attendant que je puisse en acheter un exemplaire. Ma fille et moi avons commencé à prier le **Chapelet de libération**. Nous priions continuellement, dans l'espoir et la confiance qu'un miracle ait lieu. Je dois avouer que parfois je ne priais pas, mais ma fille n'a jamais oublié et elle pense encore toujours à réciter le **Chapelet de libération**.

Elle a été opérée et, bien qu'elle ait toujours été malade en se réveillant après une anesthésie, elle s'est cette fois éveillée comme si rien n'était arrivé. A partir de ce moment, j'ai commencé à m'apercevoir qu'elle se sentait beaucoup mieux et nous avons continué de prier.

Ils ont commencé à appliquer la dialyse péritonéale et tout s'est bien passé. Quoique la procédure ait été risquée, elle n'a encouru aucune séquelle. Que Dieu qui nous a aidés par l'entremise du **Chapelet de libération** en soit remercié!

Tôt un beau matin, six mois plus tard, j'ai reçu un appel de l'hôpital annonçant qu'un rein était disponible pour ma petite fille. Nous nous sommes rendues à l'hôpital, et, le jour même, à 20 heures le soir, ils ont commencé une intervention chirurgicale qui s'est terminée à 2 heures du matin.

Une fois encore, elle est allée très bien en s'éveillant de l'anesthésie. Les médecins m'avaient dit qu'après la greffe elle devrait rester deux semaines à l'hôpital. A notre surprise, le cinquième jour, ils nous ont dit que son état était excellent et qu'elle pouvait déjà quitter l'hôpital.

Le médecin m'avait dit que s'ils ne pouvaient pas trouver un donneur dans la parenté, cela pourrait prendre jusqu'à cinq ans avant de trouver un rein. Mais Dieu voulut qu'ils en trouvent un très rapidement. Ma fille va maintenant très bien. Quand elle était malade, elle est descendue à un poids de 40 kilos et maintenant elle pèse 77 kilos et elle est très jolie.

Merci à Jésus qui, par le **Chapelet de libération**, nous a accordé cette grande grâce!»

(Leyva/Osborn Artesia/NM)

* * *

«Par le **Chapelet de libération**, j'ai obtenu une grâce qui m'a guérie de la peur, de l'angoisse, de l'inquiétude, de palpitations et d'autres paniques qui me troublaient.

Une nuit, je me suis éveillée en proie à une angoisse accompagnée d'une terrible peur de mourir. J'ai récité le **Chapelet de libération** et j'ai senti que Jésus s'emparait du contrôle de mon esprit, de mon conscient et de mon inconscient, et qu'Il transformait ma crainte en courage, mon angoisse et mon inquiétude en calme. Les pensées sombres et négatives ont commencé à être illuminées par la Lumière du Seigneur Jésus. Et chaque fois que j'ai besoin de force, je récite les paroles du **Chapelet de libération** et je reçois toute la force dont j'ai besoin.

Béni soit le Nom de Jésus! Merci beaucoup!»

(A. T. F./União da Vitória)

Une prière de lumière

(Il est recommandé de faire cette prière aussi devant le très Saint Sacrement.)

Grâce au témoignage de A. T. F./União da Vitória, que vous venez tout juste de lire, le Seigneur a confirmé dans nos cœurs la prière de lumière qu'il nous avait inspirée il y a quelques mois. Jésus nous affirme dans l'Evangile:

> *«Moi, lumière, je suis venu dans le monde, pour que quiconque croit en moi ne demeure pas dans les ténèbres.»* (Jn 12,46)

En nous fondant sur ce texte de la Bible, nous avons commencé à dire le **Chapelet de libération** en demandant à Jésus que sa Lumière guérissante imprègne notre conscient, notre subconscient et notre inconscient, pour que tout notre être soit illuminé et guéri.

Nous avons aussi demandé à Jésus que tous les maux, ténèbres, morosités ou héritages négatifs qui nous auraient été transmis par nos ancêtres soient exposés, brûlés et détruits par la Puissance libératrice de la Lumière du Christ ressuscité. Nous avons ensuite présenté au Seigneur Jésus nos souffrances, nos moments de peines et de pertes, nos traumatismes, et, surtout, les impressions négatives enfouies dans notre subconscient et même dans notre inconscient, depuis notre conception dans le sein de notre mère jusqu'à aujourd'hui. Très souvent, ces impressions sont si fortes qu'elles nous incitent à des comportements et des attitudes que nous ne comprenons pas et qui peuvent même affecter nos vies et celles des gens autour de nous. Nous crions vers Jésus pour que toutes ces situations soient une fois pour toutes portées au grand jour et guéries par la divine Lumière et Puissance de son Nom, dans la prière du **Chapelet de libération**.

Nous avons commencé à prier le **Chapelet de libération** chaque jour et avec beaucoup de foi, demandant à Jésus de guérir en nous les dimensions les plus profondes de notre être. Sa Présence est si forte que nous en venons même à ressentir la Puissance de Dieu opérant en nous, nous délivrant et nous guérissant. Jésus est la Lumière du monde et, lorsque nous L'invitons à illuminer toutes les ténèbres qui se cachent en nous, IL ILLUMINE! *«C'est toi, Yahvé, ma lampe; mon Dieu éclaire ma ténèbre.»* (Ps 18[17],29)

Les fruits découlant de la prière du **Chapelet de libération** sont la joie intérieure, une profonde paix du cœur, la délivrance de toute angoisse, dépression, peur, etc. De plus, indirectement, ont lieu la guérison des relations, les réconciliations et même la guérison physique de maladies psychosomatiques. Nous sommes aussi délivrés de l'oppression spirituelle causée par les sorts et sortilèges, par l'implication (la nôtre et celle de notre famille) dans l'occultisme ou par un héritage spirituel négatif qui nous viendrait de nos ancêtres. Il n'y a rien de plus réel et de plus véridique: Jésus est notre Sauveur, notre Libérateur. Il nous aime et veut que nous soyons toujours libres de tout mal, afin que nous puissions briller de sa merveilleuse Lumière.

> *«En effet le Dieu qui a dit: "Que des ténèbres resplendisse la lumière", est Celui qui a resplendi dans nos cœurs, pour faire briller la connaissance de la gloire de Dieu, qui est sur la face du Christ.»* (2 Co 4,6)

> *«Et nous tous qui, le visage découvert, réfléchissons comme en un miroir la gloire du Seigneur, nous sommes transformés en cette même image, allant de gloire en gloire, comme de par le Seigneur, qui est Esprit.»* (2 Co 3,18)

Nous avons mis en pratique cette prière de Lumière, en récitant le **Chapelet de libération** dans notre vie personnelle et familiale, et nous avons constaté la guérison profonde que le Seigneur avait opérée en nous. Ce qui est excellent, c'est que cette libération intérieure apparaît à l'extérieur et nos proches s'en rendent déjà compte. Il y en a même qui viennent nous demander ce qui nous arrive, car nous sommes plus joyeux et moins inquiets, plus calmes, etc.

Nous sommes convaincus que Dieu est à l'œuvre dans les plus grandes profondeurs de notre être, parce que nous croyons fermement que le **Chapelet de libération** est la proclamation de la Parole de Dieu avec foi. Comme le dit la Sainte Ecriture:

> *«Vivante, en effet, est la parole de Dieu, efficace et plus incisive qu'aucun glaive à deux tranchants, elle pénètre jusqu'au point de division de l'âme et de*

l'esprit, des articulations et des moelles, elle peut juger les sentiments et les pensées du cœur. Aussi n'y a-t-il pas de créature qui reste invisible devant elle, mais tout est nu et découvert aux yeux de Celui à qui nous devons rendre compte.» (He 4,12-13)

«De même que la pluie et la neige descendent des cieux et n'y retournent pas sans avoir arrosé la terre, sans l'avoir fécondée et l'avoir fait germer pour fournir la semence au semeur et le pain à manger, ainsi en est-il de la parole qui sort de ma bouche, elle ne revient pas vers moi sans effet, sans avoir accompli ce que j'ai voulu et réalisé l'objet de sa mission.» (Is 55,10-11)

Moi, Regis, je voudrais vous donner un exemple personnel concret. Quelques semaines après que j'ai commencé à prier le **Chapelet de libération**, en demandant à Jésus que sa Lumière guérissante et libératrice vienne délivrer mon esprit conscient, subconscient et inconscient, j'ai commencé à remarquer un travail extraordinaire de guérison et de libération dans tout mon être. Je suis devenu libre en mon for intérieur d'angoisses, de craintes, d'insécurités, de petites irritations sans cause apparente, ainsi que de petites excentricités… qui ont maintenant disparu. ALLELUIA! Gloire soit rendue au Seigneur Jésus!

Dernières considérations

Quand vous vous couchez et que vous calez votre tête sur l'oreiller, priez le **Chapelet de libération** et vous dormirez dans la paix de Jésus.

> *«Non pas à nous, Yahvé, non pas à nous, mais à ton nom rapporte la gloire, pour ton amour et pour ta vérité!»* (Ps 115,1)

A votre lever, commencez votre journée en priant le **Chapelet de libération** et votre journée sera bénie.

Parents, posez les mains sur la tête de vos enfants qui dorment et priez le **Chapelet de libération**.

> *«Puisqu'il s'attache à moi, je l'affranchis, je l'exalte puisqu'il connaît mon nom. Il m'appelle et je lui réponds. Je suis près de lui dans la détresse, je le délivre et je le glorifie.»* (Ps 91,14-15)

Si vous avez été béni de Dieu en lisant ce livre et en priant le **Chapelet de libération**, aidez-nous à le propager au plus grand nombre de personnes possible, afin que tous puissent faire l'expérience de la Puissance de salut, de guérison et de libération qui réside dans le Nom de Jésus, le Christ, notre Seigneur.

Nous apprécierions que vous nous écriviez pour partager avec nous les merveilles que Dieu a opérées dans votre vie par le **Chapelet de libération**.

Ensemble, puissions-nous rendre à Dieu toute la gloire!

Nous prions pour vous et à vos intentions.

Rappelez-vous le témoignage de la personne qui disait: «Je prie, afin que le **Chapelet de libération** puisse me délivrer de la trahison de mes ennemis.»

Ne l'oublions jamais:

Jésus seul guérit!

Jésus seul sauve!

Jésus seul libère!

N'oubliez pas non plus de remercier Jésus pour les bénédictions que vous, votre famille et tous ceux et celles pour qui vous intercédez, allez recevoir et recevez déjà par la prière du **Chapelet de libération**.

Que Dieu vous bénisse et que la Vierge Marie vous garde à l'abri dans son Cœur Immaculé!

SYMBOLE DES APÔTRES

Je crois en Dieu, le Père tout-puissant, créateur du ciel et de la terre.

Et en Jésus-Christ, son Fils unique, notre Seigneur; qui a été conçu du Saint-Esprit, est né de la Vierge Marie; a souffert sous Ponce Pilate, a été crucifié, est mort et a été enseveli; est descendu aux enfers, le troisième jour est ressuscité des morts, est monté aux cieux, est assis à la droite de Dieu, le Père tout-puissant, d'où il viendra juger les vivants et les morts.

Je crois en l'Esprit Saint, à la sainte Eglise catholique, à la communion des saints, à la rémission des péchés, à la résurrection de la chair, à la vie éternelle.

Amen!

SALUT, Ô REINE

Salut, ô Reine, Mère de miséricorde, notre vie, notre douceur et notre espérance, salut. Enfants d'Eve, malheureux exilés, nous élevons nos cris vers vous; nous soupirons vers vous, gémissant et pleurant dans cette vallée de larmes.

Ô notre Avocate, tournez donc vers nous vos regards miséricordieux, et, au sortir de cet exil, montrez-nous Jésus, le Fruit béni de vos entrailles.

Ô clémente, ô charitable, ô douce Vierge Marie.

Amen!

Table des matières

Quinze témoignages exceptionnels 5
Présentation 29
Le Chapelet de libération 31
Prière 45
Annexe I 47
Annexe II 55
Témoignages 59
Une prière de lumière 193
Dernières considérations 197
Symbole des apôtres / Salut, ô Reine 199

Autres livres disponibles
aux Editions du Parvis

La guérison par la bénédiction

«Bénissez..., car c'est à cela que vous avez été appelés, afin d'hériter la bénédiction.» (I P 3,9b)
La guérison par la bénédiction (bénédiction sur bénédiction) apporte la réponse à votre désir de bonheur et de sens à la vie. Dans ce volume, vous apprendrez à prendre possession de la puissance de la Parole de Dieu. Vous apprendrez aussi la prière de foi qui poussera la main de Dieu à ouvrir pour tout notre être les vannes du salut, de la guérison et de la libération en notre Seigneur Jésus-Christ. Dieu nous appelle à bénir!
Jésus nous dit: «Donnez, et l'on vous donnera.» En bénissant les autres, vous pourrez recevoir les bénédictions de Dieu sur vous et sur votre famille et vous aurez la paix, la joie, l'amour, la santé, la guérison physique et spirituelle, la prospérité... En d'autres mots, vous aurez la vie en abondance que le Seigneur a promise.
La guérison par la bénédiction est un livre de méditation et de prière inspiré par la Parole de Dieu. Vous y retrouverez les thèmes suivants: «Bénédiction sur bénédiction», «Dieu vous aime» et «Guérison et libération par la puissance du Nom de Jésus».
Par Regis et Maïsa Castro, 11,5x16,5 cm, 64 pages

€ 3.- CHF 4.50

Le Pardon, mode d'emploi

On entend souvent des gens nous dire: «Lui pardonner ce qu'il m'a fait, jamais!» Pourtant, celui qui sait pardonner répand par son pardon la miséricorde divine sur le monde et trouve en elle la paix. Le Père François Zannini nous présente ici le sacrement de réconciliation, sous toutes ses facettes: du pourquoi au comment, de l'examen de conscience (un modèle est présenté) à la paix retrouvée lors de l'absolution et aux bienfaits spirituels et physiques de la confession régulière. Un guide utile à tous ceux qui ont besoin de la miséricorde de Dieu et de sa Paix, c'est-à-dire chacun de nous.
Par le P. François Zannini, 11,5x16,5 cm, 112 pages

€ 5.- CHF 7.50

Prières au Saint-Esprit

Ce recueil unique de prières à l'Esprit-Saint est un don céleste avec les prières traditionnelles des Eglises chrétiennes, mais aussi toutes les neuvaines, litanies et chapelets au Saint-Esprit, l'Hymne acathiste qui lui est dédié, sa Messe votive, les délicieuses prières des Pères et des docteurs de l'Eglise et celles des saints et des saintes de tous les temps, dont plusieurs inédites.

Pour tous ceux qui aiment le Seigneur notre Dieu et qui veulent mieux Le connaître. Qu'il vous aide à accueillir et à laisser grandir en vous le Saint-Esprit selon la parole du Seigneur Jésus à ses amis: «Et voici, moi, j'envoie sur vous la promesse de mon Père.» Amen, viens, Saint-Esprit!

10,5x16,5 cm, 192 pages *€ 13.- CHF 20.-*

Saint Michel - Prince des Anges

Partout dans le monde et particulièrement en France, d'innombrables sanctuaires sont dédiés à saint Michel. La Bible relate ses exploits. Saint Michel a mené et gagné le combat contre Lucifer et les anges rebelles. Il nous aide maintenant à repousser les attaques maléfiques.

Ce petit livre comporte une présentation de la mission des anges et de saint Michel.

Suivent une neuvaine en l'honneur de saint Michel et des neufs chœurs des anges, des litanies, un chapelet, une consécration et de nombreuses prières.

Par André Castella, 64 pages, 11x16 cm *€ 2.- CHF 3.-*

365 jours avec la Bible

Vous qui rêvez depuis longtemps de vous laisser investir, conquérir par la Parole de Dieu, voilà un livre qui remplira admirablement cette fonction. Dix minutes par jour à l'écoute directe de la Parole de Dieu, quel temps fécond, délicieux, enrichissant! Le rendez-vous avec le Seigneur, le Bien-Aimé, que rien au monde ne doit empêcher. Avec Imprimatur.

Textes choisis, commentés et annotés par le Chapelain du Carmel de Lourdes et René Lejeune.

976 pages, 10x16 cm, couv. plastifiée *€ 30.- CHF 45.-*

365 jours avec Jésus

Connaître Jésus, c'est vouloir lui ressembler en devenant, à son école, «doux et humble de cœur». Ce livre permet d'augmenter cette similitude avec Jésus. Le classement en thèmes est destiné à faciliter la connaissance du Seigneur, à hâter l'osmose de sa divinité et de notre humanité. Ce quart d'heure d'oraison quotidienne est nécessaire à notre croissance spirituelle.

Utilisé quotidiennement, ce livre vous aidera à vous rapprocher de Jésus. En même temps, il accroît votre culture biblique indispensable à une meilleure compréhension du mystère du Dieu trinitaire dévoilé par le Christ.

Par René Lejeune, 381 pages, 11,5x17cm *€ 14.- CHF 21.-*

365 jours avec mon ange gardien

Ces messages d'un ange gardien doivent être lus et médités un à un. Ils sont «inspirés». Ton ange gardien voit sans cesse la Face de Dieu et, en même temps, il t'assiste, jour et nuit. C'est ton compagnon d'éternité. Il porte un nom. Il t'aime; il se réjouit avec toi; il pleure quand tu pleures. Il est débordant de joie chaque fois que tu fais un effort qui accroît ta ressemblance avec Jésus.

176 pages, 11,5x17 cm *€ 9.- CHF 13.50*

Miracles, signes et prodiges eucharistiques

Du début du christianisme à nos jours

Tout au long de l'histoire de l'Eglise, Dieu a soutenu la foi des croyants, démontrant la divinité de Jésus, l'authenticité de sa Parole et sa Présence réelle dans l'Eucharistie. Dans bon nombre de miracles, on vit l'hostie devenir chair ou suinter du sang, confirmant la réalité de la transsubstantiation.

Ce livre rapporte un nombre impressionnant de miracles sans faire dans le roman et avec un grand souci d'objectivité. Certes, «Nous croyons tout ce qu'a dit le Fils de Dieu: rien n'est plus vrai que cette Parole de vérité» (Hymne «Adore Te»), mais comment ne pas remercier le Seigneur de conforter ainsi notre foi. Voici plus de 150 récits de prodiges eucharistiques qui ont eu leur impact sur la vie et la foi des croyants. Que de bienfaits obtenus par le recours confiant au Christ de l'Eucharistie, «qui a passé en faisant le bien» (Ac 10,38)!

Par Jean-Marie Mathiot, 320 pages, 14,5x22 cm *€ 17.- CHF 26.-*

Petit catéchisme pour la famille

Ce livre est né suite au désir de jeunes parents qui étaient à la recherche d'une présentation claire et systématique de notre foi. Les enseignements classiques d'un catéchisme semblaient y convenir: la profession de foi, les sacrements, les dix commandements, le Notre Père. On trouve aussi un chapitre sur le signe de croix, sur la Bible, sur le Je vous salue Marie et sur les célébrations de l'année liturgique. Ce livre favorise également le partage religieux en famille. Les parents sont les premiers à annoncer l'Évangile à leurs enfants et pour cela, ils doivent témoigner de la foi avant tout par leur vie. Cependant, ils doivent aussi pouvoir donner des explications. Il n'est pas toujours facile de répondre aux questions des enfants, comme aux interrogations critiques des jeunes.
Ainsi, l'auteur a tenté d'expliquer la foi pour notre temps dans un langage simple et fondé sur des arguments solides.
Par le chanoine Christoph Casetti, traduction française par le Card. Henri Schwery.
13x20 cm, 176 pages *€ 13.- CHF 20.-*

Jean Paul II le Grand, Prophète du IIIe millénaire

Dans cet ouvrage, Bernard Balayn, historien et homme de foi, encouragé par le Cardinal Frédéric Etsou, nous fait entrer dans les desseins de Dieu, dans la dynamique mystique et concrète du pontificat, lumineusement préparé par la Providence. Il nous brosse un portrait fidèle du Pape.

Le 22 octobre 1978, le Cardinal Stefan Wyszynski avait prophétisé à son «dauphin», le cardinal Karol Wojtyla à peine élu Pape: «Si le Seigneur t'a appelé, tu dois faire entrer l'Eglise dans le troisième millénaire». Plus de vingt ans ont effectivement passé. Jean Paul II, Pontife de Marie et de l'Esprit-Saint, a réussi, avec leur grâce, et avec le haut sens de sa mission, les ressources de son génie propre, la puissance de son amour et de sa catéchèse, l'intensité de sa souffrance, à conduire le monde aux pieds de son unique Sauveur, Jésus-Christ. De l'avis des personnalités les plus clairvoyantes, le Saint-Père est non seulement l'un des géants du vingtième siècle, mais encore l'un des plus grands papes que l'Eglise ait engendré, à la hauteur des périls et des enjeux que fait naître l'entrée dans le troisième millénaire.
Le Pape Jean Paul II restera à tout jamais le nouveau Moïse qui a conduit le Peuple de Dieu au seuil de la nouvelle Terre Promise, celle de la Civilisation de l'Amour.
864 pages + 80 pages illustrations couleurs, 15,5x23,5 cm *€ 30.- CHF 45.-*

Le Rosaire, Arche du Salut

Avec clarté, précision et pertinence, B. Balayn explique, documents ecclésiaux à l'appui, l'origine et la formation du Rosaire, depuis la Salutation de l'Archange jusqu'à la rénovation de Jean Paul II; le sens de cette prière, la manière de la dire, son but dans un monde rempli à la fois d'inquiétude et d'espérance; sa pastorale au service de la nouvelle évangélisation voulue par le Saint-Père, porteuse assurée des mêmes fruits que jadis, à la lumière des grands témoins. A la fin, quelques textes pontificaux illustrent en profondeur cet ouvrage exceptionnel, véritable condensé de doctrine mariale pratique, destiné à faciliter l'usage du saint Rosaire, pour le mettre à la portée de tous et montrer son rôle capital comme moyen de salut.

Par Bernard Balayn, préface de Mgr Maurice Gaidon

288 pages + 8 pages d'illustration, 14,5x22 cm *€ 17.- CHF 26.-*

Le chemin qui va de la tête au cœur

Le Père Stephen Valenta est engagé dans une œuvre de prédication apostolique, il enseigne comment prier avec le cœur. Il veut aider les personnes à se préparer, non seulement pour les temps difficiles qui s'annoncent, mais aussi pour l'ère de paix promise à l'humanité.

«Je présente ce volume dans le seul but de défendre la dignité spéciale du cœur face à la divinisation de l'intellect que Satan veut imposer au monde.»

Son livre est comme un *Guide du propriétaire* qui vous servira d'ouvrage de référence sur le chemin qui mène à une vie centrée sur le Christ.

Par Stephen Valenta, 276 pages, 14,5x22 cm *€ 16.- CHF 24.-*

Le «divin» Mozart

Fervent chrétien marial

Le plus grand génie musical a été dédaigné par Vienne, où il revenait sans cesse, comme attiré par l'infortune ou la fatalité. La femme qu'il aimait, poussée par une mère abusive, l'a rejetée. Depuis sa mort, sa mémoire a été défigurée. Mais Mozart était un catholique fervent, de sensibilité mariale. Le livre en apporte la preuve. C'est une œuvre de réhabilitation. Une œuvre salutaire.

Par R. Lejeune, 172 pages, 13x20 cm *€ 14.- CHF 21.-*

Père et mère, reflets de Dieu

Souvent déjà avant le marige, les futurs époux s'interrogent sur le nombre d'enfants qu'ils désirent, sur le type d'éducation et d'instruction qu'ils comptent leur donner, sur la méthode la plus propre à armer de confiance en lui-même - ou en elle-même - leur fils ou leur fille. Les futurs parents les plus clairvoyants examinent ensemble des ouvrages genre: «Comment j'élève mon enfant». Malheureusement la plupart des jeunes couples négligent leur futur rôle qui pourtant est capital pour l'avenir de leurs enfants.
C'est à ce souci que tente de répondre le livre «Père et mère, reflets de Dieu». Qu'il puisse servir à de nombreux jeunes foyers à éclairer leur réflexion à ce sujet.
Par René Lejeune, 96 pages, 13x20 cm

€ 8.- CHF 12.-

Saint Louis, modèle du monde politique

Voici une courte vie de saint Louis, claire et vivante, où ne manque cependant aucun épisode important. On sort de cette lecture avec le sentiment d'avoir rencontré l'être le plus extraordinaire, au rayonnement intense encore plus de sept siècles après sa mort. On l'aime, on le vénère, avec lui on gagne un ami, un intercesseur auprès de Dieu.
La sainteté éclatante de saint Louis luit et guide comme l'étoile du Berger dans la conquête de cette Jérusalem céleste.
par René Lejeune, 80 pages, 11,5x17 cm

€ 7.- CHF 10.-

EDITIONS DU PARVIS CH-1648 Hauteville / Suisse
Internet: www.parvis.ch e-mail: librairie@parvis.ch
Tél. 0041 (0)26 915 93 93 Fax 0041 (0)26 915 93 99